CRIAÇÃO
na propaganda impressa

João Vicente Cegato Bertomeu

CRIAÇÃO na propaganda impressa

THOMSON

Austrália Brasil Canadá Cingapura Espanha Estados Unidos México Reino Unido

THOMSON

Gerente Editorial:
Patricia La Rosa

Editora de Desenvolvimento:
Tatiana Pavanelli Valsi

Produtora Editorial:
Gabriela Trevisan

Produtora Gráfica:
Fabiana Alencar Albuquerque

Revisão:
Norma Gusukuma

Composição:
Luciane Szabo

Concepção da Capa:
Guilherme Xavier

Composição da Capa:
FZ.Dáblio Design Studio

Foto do Autor:
Virgínia Pereira

Impresso no Brasil.
Printed in Brazil.
3 4 5 6 08 07 06

Rua Traipu, 114 – 3º andar
Perdizes – CEP 01235-000
São Paulo – SP
Tel.: (11) 3665-9900
Fax: (11) 3665-9901
sac@thomsonlearning.com.br
www.thomsonlearning.com.br

Dados Internacionais de Catalogação na Publicação (CIP)
(Câmara Brasileira do Livro, SP, Brasil)
Bertomeu, João Vicente Cegato
Criação na propaganda impressa / João Vicente Cegato Bertomeu. – 3. ed. – São Paulo : Thomson Learning, 2006.
Bibliografia.
ISBN 85-221-0534-0
1. Comunicação de massa e propaganda
2. Criação (Literária, artística etc)
3. Propaganda
4. Propaganda – História I. Título.
06-2396 CDD-659.101
Índices para catálogo sistemático:
1. Criação : Propaganda impressa : Administração 659.101
2. Propaganda impressa : Criação : Administração 659.101

Dedicatória

Ao primeiro, principal e único criador:
"Porque assim diz o Senhor que criou os céus, o único Deus,
que formou a terra, que a fez e a estabeleceu; que não a fez para ser um caos,
mas para ser habitada:
Eu sou o Senhor e não há outro."

ISAÍAS 45:18

"Jesus — e não há salvação em nenhum outro;
porque abaixo do céu não existe nenhum outro nome,
dado entre os homens, pelo qual importa que sejamos salvos."

ATOS 4:12

Aos meus pais pelos exemplos de vida, amor e doação.

Minha esposa, pela paixão e carinho.

Meus irmãos, Luiz, Eunice e Camila, pela constante alegria de viver.

Agradecimentos

A

Ana Carmem Longobardi e Daniel Bruin, da agência Talent;

Marcello Serpa, Francisco Meireles, Luiz Sanches, Ricardo Chester, Roberto Pereira e Maria Alice Landini, da AlmapBBDO;

Ricardo Guimarães, Ricardo Lordez, Iara Maria Bertolozi e Cissa Longatto, da Guimarães, por participarem prontamente com as campanhas e acreditarem nos estudos inéditos deste trabalho;

Cecília Salles, da PUC/SP pela dedicação carinhosa;

Marco Pace, Marina Mendonça, Daniel Rampazzo, Luciane Szabo, Mônica Di Giacomo, Cristiane Mezzari e Guilherme Xavier.

Todos os meus alunos e ex-alunos pelos questionamentos constantes.

Prefácio

Por mais que se escreva sobre criação publicitária, a busca é constante pelas fórmulas do processo criativo. Descortinar um processo de criação passa por caminhos nunca óbvios. Sabemos onde precisamos chegar na criação e temos alguns documentos para iniciar. Esse trajeto que percorremos — do *briefing* até a arte-final de um anúncio — é sempre diferente.

Quando se trabalha nessa área temos etapas que são mais evidentes, mais claramente identificadas, mas cada criação de uma peça passa por processos diferentes. Querer desenvolver uma boa peça criativa e uma série de fatores delineia o caminho que o processo irá percorrer.

Isto é significante: esquecer a fórmula e perceber o caminho do processo. É essa diferença que o criativo pode buscar para entender melhor seu papel dentro da criação. Ele deve saber onde precisa chegar. Seu envolvimento no projeto ajuda a direcionar o percurso. A forma de criar, aliada à forma da agência de propaganda e dos profissionais envolvidos, também influenciará neste processo. E é desse percurso que este livro trata.

Resolvi abordar o assunto de forma objetiva, reunindo algumas campanhas para mídia impressa com todos os documentos: *briefings*, *rafs*, esboços, aprovações, *layouts* e artes-finais. Analisando-os de forma didática e aberta pude demonstrar as características de todo o processo que envolveu a criação.

Eu não apresento uma receita ou o a-bê-cê da criação, mas demonstro alguns processos reais para que assim, você, leitor, possa perceber e chegar a algumas considerações importantes sobre todos os aspectos que envolvem a criação: o cliente, a propaganda e o que se espera dela. As formas que se podem criar. Os profissionais que participam mais diretamente do processo. Prazos, Esboços. *Layouts*. Criação coletiva. *Insight*.

Tópicos como esses são analisados ao observar algumas das campanhas apresentadas neste livro que são complementadas pelas declarações de importantes profissionais diante dos desafios do publicitário na criação.

Coloco este livro para você como o resultado de um estudo que busca responder algumas questões dos alunos que se preparam para a profissão e querem entender alguns aspectos teóricos já aplicados na propaganda e que, na maioria das vezes, não têm acesso.

Este livro trata da propaganda impressa, mas já estão em andamento outros estudos que envolvem campanhas mais amplas que apresentam comerciais de TV e também processos de criação de folhetos e materiais promocionais.

Espero que você leia este livro como se estivesse participando da criação das campanhas. Tenho certeza de que a generosidade dos publicitários que compartilharam seus trabalhos facilitou o desenvolvimento dos estudos da produção de propaganda em nosso país.

Mais uma vez agradeço o pessoal da AlmapBBDO, da Guimarães e da Talent pela participação nessa etapa do ensino da publicidade.

A todos, boa leitura!

Sumário

BREVE HISTÓRICO DA ATIVIDADE DE PROPAGANDA

capítulo

UM

PROPAGANDA. CONCEITOS E DEFINIÇÕES

A PROPAGANDA CRIATIVA E ALGUMAS CONSIDERAÇÕES PROFISSIONAIS

Breve histórico da atividade de propaganda

No Brasil, no Rio de Janeiro, em 1808, o jornal *Gazeta do Rio de Janeiro* é fundado, dando início à imprensa brasileira. Assim, é encontrado o primeiro anúncio impresso — os classificados, que chegam e, em pouco tempo, tornam-se numerosos e variados.

Já em 1875, os primeiros anúncios ilustrados são publicados em *Mequetrefe* e *O Mosquito*, jornais editados também no Rio de Janeiro, que dedicavam sua última página aos anúncios ilustrados pelo próprio caricaturista da publicação (RAMOS, 1985).

Observa-se que a criação na propaganda brasileira iniciou-se com textos de jornalistas e poetas e posteriormente integraram-se a estes os artistas, para o desenvolvimento dos aspectos visuais dos anúncios.

A partir desse período, os anúncios acompanham a evolução gráfica e, em 1900, com o aparecimento das revistas, entram em grande expansão. Em 1913, encontra-se a produção de cartazes, avulsos e variadas formas de propaganda ao ar livre (RAMOS, 1985).

Com a chegada ao Brasil das empresas multinacionais, tais como Bayer, General Motors, Mercedes-Benz, Ford, entre outras, as agências de propaganda instalaram-se para atender a esse novo mercado. O desenvolvimento da atividade passou a receber influência direta da propaganda que era feita em outros países.

Após a Segunda Guerra Mundial, os horizontes da propaganda ampliaram-se, especialmente nos Estados Unidos e Inglaterra, o que refletiu no desenvolvimento da atividade no Brasil. Nos anos 50 em diante, consolidou-se o crescimento industrial no eixo Rio–São Paulo e com ele a maior necessidade de utilização da propaganda (RAMOS, 1985).

Nos aspectos do processo de criação em propaganda, entre os anos 60 e 80, as agências de propaganda utilizavam as duplas de criação, constituídas por um redator e um diretor de arte.

Entre tantas outras formas de tratar o assunto, atualmente algumas empresas do setor acreditam e discutem o trabalho criativo desenvolvido por equipes, chamadas *Team Works,* que procuram abrigar o mais amplo leque de profissionais de diversos setores da propaganda, entre eles: planejadores, artistas gráficos, profissionais de mídia e atendimento, pesquisadores, redatores, etc.

Nos periódicos de propaganda, apresentam-se sempre discussões e buscas sobre as melhores formas de criar em propaganda. A criatividade é o resultado fundamental dentro de todo o processo de produzir propaganda, assim, o tema está sempre em evidência dentro do setor.

Desde seu início, a atividade de criação em propaganda não é destacada de modo claro quanto a seu processo. Assim, este livro busca identificar alguns documentos e caminhos criativos encontrados dentro do processo de desenvolvimento de algumas campanhas de propaganda.

Propaganda. Conceitos e definições

Este livro tem o objetivo de contribuir para a melhor compreensão do processo de criação em propaganda, resultando em informações relevantes à comunicação.

Os documentos do processo de criação em propaganda são identificados e analisados, buscando distinguir e estudar o planejamento, o desenvolvimento e a execução do anúncio publicitário.

As características que influenciam no processo são identificadas, para que a criação possa atingir resultados mais satisfatórios no que se refere à criatividade, visto que na propaganda a busca por campanhas de alto teor criativo é uma constante entre os profissionais.

No ensino da graduação em Comunicação Social, especificamente no curso de Propaganda, apresentam-se ainda poucos estudos relacionados à disciplina Criação em Propaganda. Assim, este livro foi desenvolvido para apresentar os documentos, o detalhamento de alguns processos e a complexidade do percurso de criação de algumas campanhas, com o objetivo de auxiliar no desenvolvimento didático da disciplina.

> *Os mais antigos registros históricos nos dão notícia da propaganda. Arqueólogos trabalhando em países ao redor do Mar Mediterrâneo descobriram escritos anunciando vários eventos e ofertas. Os romanos pintavam as paredes para anunciar lutas de gladiadores, e os fenícios pintavam figuras promovendo seus artigos em grandes rochas ao longo de rotas movimentadas. Uma pintura em uma parede de Pompéia louvava um político e pedia votos ao povo.*
>
> *[...]*
>
> *Outra antiga forma de propaganda era a marca que os comerciantes colocavam em seus produtos, tais como potes. À medida que sua reputação se espalhava de boca em boca, os compradores começavam a procurar por uma marca em particular, da mesma forma como marcas registradas e nomes de produtos são procurados atualmente* (KOTLER e ARMSTRONG, 1991, p. 304).

O momento de transição na história da propaganda mundial ocorreu em meados do século XV, quando Johan Gutemberg inventou a imprensa. Os anunciantes não precisavam mais produzir cópias extras de um anúncio à mão. A primeira propaganda impressa em língua inglesa apareceu em 1478.

Em 1622, a propaganda recebeu um grande incentivo com o lançamento do primeiro jornal inglês, *The Weekly News*. Mais tarde, Joseph Addison e Richard Steele publicaram o *Tatler* e passaram a apoiar a propaganda, que teve seu maior crescimento nos Estados Unidos. Benjamin Franklin é conhecido como o pai da propaganda americana porque sua *Gazette*, publicada pela primeira vez em 1729, teve a maior circulação e volume de propaganda que qualquer jornal na América colonial.

Vários fatores fizeram da América do Norte o berço da propaganda. A indústria norte-americana era líder de produção em massa, o que criava excesso de produção e necessidade de convencer os consumidores a comprarem mais. O desenvolvimento de uma extensa rede de transporte fluvial, estradas e caminhos permitiu o transporte de bens e dos meios de propaganda para o interior. O estabelecimento, em 1813, do ensino público obrigatório, aumentou o número de pessoas alfabetizadas e a proliferação de jornais e revistas. A invenção do rádio e, mais tarde, da televisão, criou mais dos meios notáveis para difusão da propaganda.

> *A PROPAGANDA só conheceu uma verdadeira expansão, contudo, no final do século XIX. A tecnologia e as técnicas de produção em massa já tinham atingido um nível de desenvolvimento em que um maior número de empresas produzia mercadorias de qualidade mais ou menos igual a preços mais ou menos iguais. Com isso, vieram a superprodução e a subdemanda, tornando-se necessário estimular o mercado – de modo que a técnica publicitária mudou da proclamação para a persuasão. O contexto social e institucional em que se situa a propaganda nos dias de hoje definiu-se, portanto, no início do século atual: mercadorias produzidas em massa, mercado de massa atingido através de produção de massa* (VESTERGAARD e SCHRODER, 2000, P. 4).

As agências de propaganda foram criadas a partir da segunda metade do século XIX, por fabricantes e corretores que trabalhavam para a mídia e recebiam comissão pela venda de espaço de propaganda para várias empresas. Pouco a pouco, formaram agências e aproximaram-se mais dos anunciantes. As agências passaram a oferecer mais propaganda e serviços de marketing para seus clientes.

A propaganda é uma informação com objetivo específico. Ela tem por princípio criar um elo entre o produto e o consumidor que de outra forma, se ignorariam mutuamente. É, com efeito, a comunicação de uma mensagem. É preciso insistir sobre esse aspecto, pois o erro mais freqüente é acreditar que a propaganda é venda. Esse conceito não é correto, uma vez que ela só representa uma parte da venda, unicamente aquela que concorre para desenvolvê-la.

Esse primeiro aspecto da natureza da propaganda deve ser logo corrigido pela observação de que a informação é comunicada com uma intenção bem determinada e clara: vender. Pôr em relevo essa intenção não é indiferente, eis que traz consigo duas conseqüências.

A primeira conseqüência tem por fim manter uma proposição comercial, a informação só existirá, posto que seja necessária para esse fim: o aspecto informativo será desenvolvido ser for o caso de um produto técnico ou novidade; será, ao contrário, mínimo ou até mesmo inexistente se o produto for conhecido, e se não houver nada de novo sobre ele.

A segunda, acontece com freqüência que a informação cede lugar à persuasão, isto é, a todos os meios pelos quais se procurará tentar, seduzir, fazer desejar e convencer.

É importante ressaltar que a função essencial da propaganda é fazer conhecer um produto ou serviço para que ele seja procurado. Mas os que ela procura influenciar são distraídos, ocupados, esquecem-se facilmente e sua mentalidade não pára de mudar. Novas camadas de consumidores aparecem a cada ano. Outras desaparecem. O próprio produto transforma-se e aperfeiçoa-se. Também a propaganda deve ser um processo permanente: nessa área, as situações nunca são definitivamente conquistadas. Constantemente, é preciso conservar a reputação de um produto. A tensão e o desejo devem ser mantidos para suscitar o consumidor.

Essa tensão, esse desejo devem ser provocados pela criatividade publicitária. Trata-se aqui do próprio cerne da propaganda, é a pedra angular sobre a qual repousa sua eficácia.

Essas observações partem do princípio de que, para representar seu papel, a propaganda deve pôr em jogo as disciplinas mais diversas. É uma força complexa que faz apelo a profundos conhecimentos econômicos, quer se tratem de mecanismos cambiais, estudos de mercado, observação e previsões econômicas.

DEFINE-SE como propaganda o conjunto dos meios destinados a informar o público e convencê-lo a comprar um produto ou serviço (LEDUC, 1980).

Muitos objetivos de comunicação e de vendas podem ser atribuídos à propaganda. Colley lista 52 possíveis objetivos de propaganda em seu conhecido *Defining Advertising Goals for Measured Advertising Results*. Ele delineia um método chamado DAGMAR (as iniciais do título do livro) para transformar os objetivos de propaganda em metas específicas mensuráveis (COLLEY, 1979).

Um objetivo da propaganda é a tarefa específica da comunicação a ser realizada com um público-alvo específico, durante um determinado período de tempo, cujos objetivos podem ser classificados pelo propósito a que destina: informar, persuadir ou lembrar.

A propaganda informativa é utilizada maciçamente na introdução de uma nova categoria de produto. Quando o objetivo é criar uma demanda primária, a persuasiva torna-se mais importante à medida que a concorrência aumenta e o objetivo da empresa é criar uma demanda seletiva.

Uma parte da propaganda persuasiva é conhecida por comparativa, pois procura estabelecer a superioridade de uma marca por intermédio da comparação específica com uma ou mais marcas de uma classe de produto. A propaganda comparativa também tem sido utilizada para produtos tais como refrigerantes, computadores, desodorantes, cremes dentais, automóveis, vinhos e analgésicos.

A propaganda de lembrança é importante para o estágio de maturidade do produto; ela faz com que os consumidores mantenham o produto em mente.

A propaganda criativa e algumas considerações profissionais

Para abordar os aspectos que caracterizam a propaganda criativa e, assim, definir o que o publicitário busca nesse processo de criação, pode-se citá-la por dois aspectos: a propaganda eficiente e a criativa.

Existem grandes profissionais no mercado que separam campanhas eficientes e criativas. A combinação das duas constitui-se na grande resposta.

Quando se define criatividade ou produto criativo, além dos aspectos originais e ousados, é também necessário que ela seja apropriada a uma dada situação, o que se pode considerar como fator de relevância:

> *[...] CRIATIVIDADE implica emergência de um produto novo, seja uma idéia ou uma invenção original, seja a reelaboração e aperfeiçoamento de produtos ou idéias já existentes. Também presente em muitas das definições propostas é o fator relevância, ou seja, não basta que a resposta seja nova; é também necessário que ela seja apropriada a uma dada situação* (ALENCAR, 1995, p. 16).

Assim, percebe-se que a comunicação publicitária deve ser um instrumento afiadíssimo de interpretação das necessidades do cliente para auxiliá-lo de forma certeira a atingir seus objetivos mercadológicos. Em razão disso, surge seu aspecto *adequação* no contexto dos objetivos específicos da propaganda.

Como propõe Rafael Sampaio em *Propaganda de A a Z* (1999, p. 16): "É necessário analisar se a idéia ousada é consistente e pertinente ao objetivo definido e público visado. É preciso avaliar se a proposta coerente e objetiva, que parece perfeita para o anunciante, é suficientemente destacável e emocionante para ser percebida e apreendida pelo consumidor".

E, ainda sobre o mesmo assunto, declara Marcello Serpa na *Revista da Criação* (1999, p. 27): "Acredito ser totalmente possível uma associação perfeita entre criação e eficiência. Elas não são duas coisas antagônicas".

Em razão do caráter subjetivo e particularista da propaganda, na qual cada situação é considerada diferente da outra, prever a eficiência na sua criação somente é possível quando ocorre sua veiculação, sua recepção pelo público e sua avaliação de resultados no mercado.

A respeito desse aspecto Washington Olivetto (1991, p. 84) declara: "Para um produto uma solução emocional pode ser brilhante e para outro uma solução purística. Cada caso é um caso. O grande criador de propaganda é aquele que consegue detectar o que cada produto precisa e o que cada consumidor daquele produto quer ouvir. No fundo, fazer propaganda é tentar inventar algo novo, ou transformar o velho".

Para reforçar a questão do ousado e criativo numa propaganda, podemos citar o que afirma Serpa (1999, p. 28) sobre o trabalho de criação: "O melhor trabalho significa comunicação que chame atenção das pessoas, abra a retina delas". O autor ainda complementa: "A surpresa não é previsível. E, no dia em que a propaganda perder o papel de surpreender as pessoas, perdeu sua razão de existir".

Marcondes e Galvão (1999, p. 28) referem-se sobre a fundamental importância dos aspectos à criação publicitária: "A criação se arrisca à padronização sempre que abandona a surpresa, a inteligência, a persuasão, a objetividade — numa palavra, a criatividade".

Outra característica da criatividade é a importância do criador conhecer e dominar seu setor de atuação. Conforme Eunice Alencar:

> *Através de uma análise de comportamento de pessoas que deram contribuições criativas, constatou-se que as grandes idéias ou produtos originais ocorrem especialmente em pessoas que estejam adequadamente preparadas, com amplo domínio dos conhecimentos relativos a uma determinada área ou das técnicas já existentes* (ALENCAR, 1995, p. 17).

Para Fayga Ostrower (1990, p. 28): "É evidente que, além de saber o que faz, o artista tem que 'saber fazer'. Ele tem que conhecer sua linguagem...".

Desse modo, Leech, citado por Vestergaard e Schroder (2000, p. 15), define como linguagem da propaganda o código do processo de comunicação. Na propaganda, o emissor é considerado o anunciante; o receptor, o leitor; o significado transmitido refere-se à tentativa de induzir o leitor a adquirir o produto; o código é a linguagem; o canal consiste no veículo de comunicação adotado e o contexto inclui aspectos sociais e culturais onde a comunicação/propaganda estão inseridas.

Na linguagem, ocorre a expressão da mensagem que se configura mediante códigos visuais, verbais e sonoros, e a característica criativa da propaganda tem mais presença nela.

Para Serpa (1999, p. 27): "Criação na propaganda é a busca por invenção e linguagens novas. É preciso buscar idéias originais para dizer as coisas".

Conforme declara Olivetto (1991, p. 84): "Nós, criadores de propaganda, somos na verdade adequadores de linguagem. E exatamente por isto não temos o direito de ter um estilo, um jeito de fazer".

Portanto, é possível definir que a busca mais importante para o publicitário dentro do processo de criação são os aspectos criativos unificados à eficiência, atingidos por meio de um domínio da linguagem usada na comunicação publicitária. Sendo assim, essa busca é constante no caminho da criatividade, linguagem e eficiência.

Outro aspecto evidente deste livro é a carência de informações, estudos e pesquisas no campo da criação publicitária.

Na área de propaganda, a maioria das pesquisas e desenvolvimento do ensino na graduação foi direcionada para os estudos de marketing, isto porque o empresariado brasileiro buscava profissionais que possuíssem conhecimento mercadológico para ser o elo ideal entre a empresa e suas agências de propaganda.

Conforme declara Gracioso (1990A, p. 37): "75% dos jovens que iniciam carreira em agências têm hoje diplomas de comunicação social. Mas o grande mercado de trabalho desses jovens é a empresa, em departamentos de marketing e propaganda".

Quando se compara o enfoque do ensino de criação e de produção da propaganda com, por exemplo, a área de marketing, percebe-se uma diferença significativa de publicações e foco das faculdades de comunicação social, habilitação publicidade e propaganda. Gracioso (1990A, p. 37) continua: "De um modo geral, as nossas escolas de comunicação social (habilitação/propaganda) preparam formandos mais aptos a exercer funções de atendimento, nas agências, ou de assistentes nos setores de propaganda das empresas anunciantes".

Conclui-se, assim, que o ensino ligado à criação e produção de propaganda não apresentou grande importância na formação do profissional publicitário, visto que a grande ênfase no mercado era o profissional mais experiente em marketing e não em criação.

Portanto, este livro busca contribuir às pesquisas e estudos no processo de criação de propaganda, apresentando os documentos, o detalhamento de algumas etapas do processo e a complexidade do percurso de criação de algumas campanhas, auxiliando no desenvolvimento didático dessa disciplina.

AS CAMPANHAS

OS DOCUMENTOS DO PROCESSO DE CRIAÇÃO NA PROPAGANDA IMPRESSA

capítulo

DOIS

SELECIONADAS

EVIDENCIAÇÃO E IDENTIFICAÇÃO DAS ETAPAS APRESENTADAS PELOS DOCUMENTOS

As campanhas selecionadas

Pelo levantamento desenvolvido entre agências de propaganda da cidade de São Paulo, foram selecionadas algumas campanhas impressas com o maior número de documentos do processo criativo em sua execução.

Foram escolhidas cinco campanhas de três agências de propaganda consideradas de grande porte, por apresentarem uma estrutura departamental específica para cada setor de atividade. As agências são: Talent, Almap/BBDO e Guimarães.

As campanhas de propaganda foram aquelas que apresentaram como prioridade de comunicação a mídia impressa (revistas) e diversificadas quanto ao tipo de produto e consumidor, porque a maior parte dos documentos envolvidos no processo de criação deu-se internamente na agência, facilitando todo o levantamento de dados necessários.

Assim, as propagandas referiram-se a:

a) Perfume Natura
b) ANER — Associação Nacional dos Editores de Revista
c) Home Theater Semp Toshiba
d) Picolé Fruttare da Kibon
e) Automóvel Audi

O maior número de documentos envolvidos no processo criativo de cada campanha foi reunido e analisado, buscando identificar suas características mais relevantes.

Todos os documentos do processo do desenvolvimento de cada campanha de propaganda selecionados foram encontrados e identificados os que estiveram presentes em todas as campanhas e nas quais as características de informação apresentaram-se de forma semelhante.

Na seqüência, foi identificada a ordem das características destacadas nos documentos do processo. Caso fosse reconhecida a existência de etapas, essas tinham conceituadas suas finalidades e possíveis objetivos.

Para complementação da análise, foram identificados periódicos com entrevistas, depoimentos e declarações de profissionais de propaganda relevantes ao conhecimento do processo de criação na propaganda.

Neste livro utilizamos os registros que o publicitário faz ao longo do percurso da construção do anúncio. Assim, comprova-se que o ato criador é resultado de um processo. Quando nos deparamos com os documentos do processo utilizados para esses estudos — rascunhos, esboços, esboços digitais, anotações, *layouts*, textos, provas de fotolito — estamos diante de um objeto em construção, em movimento. O anúncio vai se formando, tornando-se, surge como resultado de um processo que envolve uma rede complexa de acontecimentos. O trabalho do publicitário está quase sempre associado aos documentos do processo por ele deixados, movimentos do criador que resultam na peça publicitária. Ela é resultado de um trabalho investigativo do publicitário, que é encontrado nos rascunhos desenvolvidos. O criador da propaganda faz seleções e opções que, por sua vez, se concretizam em novas formas.

Desse modo, o percurso criativo observado sob o ponto de vista de sua continuidade coloca os gestos criadores em uma cadeia de relações, formando uma rede de operações estreitamente ligadas. Todo movimento está atado a outros. Anotações, esboços, exposições, tudo aparece de algum modo conectado. Assim, o ato criador aparece como um processo indutivo, uma vez que toda a ação que dá forma ao novo sistema está relacionada a outras e tem igual relevância quando se pensa a rede como um todo.

Os documentos do processo de criação na propaganda impressa

Dentre os elementos selecionados do processo, apresentamos na seqüência a ordem na qual os documentos foram desenvolvidos.

a) Campanha Natura
   Produto: Linha de perfumes
   Anúncio: Revista página simples

   - *briefing* de criação (1 página)
   - 1 *raf*
   - 3 *layouts*
   - 2 anúncios finalizados

b) Campanha Associação Nacional dos Editores de Revista (ANER)
Anúncio: Revista página dupla

- 4 *rafs*
- 12 *layouts*
- 8 anúncios finalizados

c) Campanha Semp Toshiba
Produto: Home Theater
Anúncio: Revista página dupla

- *briefing* de criação inicial (3 páginas)
- 4 *layouts*
- *briefing* de criação relatório (2 páginas)
- 1 anúncio finalizado

d) Campanha Kibon
Produto: Picolé Fruttare
Anúncio: Revista página dupla e *outdoor*

- *briefing* de criação (3 páginas)
- 2 *layouts* para revista e *outdoor*
- 3 anúncios finalizados

e) Campanha Automóveis Audi
Produto: Audi A6
Anúncio: Revista página simples e página dupla

- *briefing* de criação inicial (2 páginas)
- 4 *layouts*
- 3 anúncios finalizados

Evidenciação e identificação
das etapas apresentadas pelos documentos

Dentro do primeiro levantamento dos documentos do processo, temos identificadas claramente as etapas demonstradas na seqüência:

a) *briefing* de criação
b) *raf*
c) *layouts*
d) *briefing* de criação/aprovação
e) arte finalização

Todas as etapas aqui identificadas foram observadas no desenvolvimento da criação das campanhas impressas.

Quadro 1. Etapas do desenvolvimento da criação das campanhas impressas

Campanhas	Semp Toshiba	Kibon	Audi	Natura	ANER
a) *briefing* de criação	Sim	Sim	Sim	Sim	Não
b) *rafs*	Não	Não	Sim	Sim	Sim
c) *layouts*	Sim	Sim	Sim	Sim	Sim
d) *briefing* de criação/aprovação	Sim	Sim	Sim	Não	Sim
e) arte finalização	Sim	Sim	Sim	Sim	Sim

Nos capítulos seguintes, analisam-se por meio da desconstrução os documentos do processo apresentados, para assim verificar a especificidade de cada um deles, seus respectivos papéis no processo de criação da propaganda impressa e como os publicitários entendem essas etapas.

Os seguintes tópicos foram analisados: *briefing* de criação; diálogos internos da criação; *rafs*, *layouts* e finalizações das peças publicitárias.

BRIEFING

capítulo

TRÊS

DE CRIAÇÃO

Briefing de criação

A palavra *briefing* vem do inglês, do verbo *to brief* que significa resumir, fazer a apresentação sumariada de alguma coisa (FREITAS,1997, p. 121).

O termo já faz parte do modismo dos profissionais de marketing e comunicação. Em razão disso, podem-se encontrar *briefings* para fotógrafos, *briefings* para a mídia, *briefings* para a criação, *briefings* para o marketing, e assim por diante.

Dentro das variantes, surgem grandes confusões entre alguns profissionais. Apesar dos aspectos de resumo das informações de uma empresa, o *briefing* deve conter informações relevantes e adequadas à atividade a que está sendo destinado. Por exemplo, um *briefing* mercadológico busca direcionar informações para planejadores de marketing, de forma que o planejamento mercadológico seja fruto da análise dessas informações. Existe um rol de informações muito específicas para ações de planejamento desse setor que, normalmente, são dados financeiros, de consumo, de investimentos, de novas tecnologias, de porte empresarial, de mercado, entre outros.

Agora sintetizando o que já foi dito, a propaganda é uma ferramenta da área do marketing, utilizada para que, por meio da comunicação persuasiva, a empresa possa atingir novos mercados consumidores.

Podemos afirmar que, ao definirmos a estratégia de marketing, para utilizarmos a propaganda, é de vital importância termos à nossa disposição o *briefing mercadológico* — ou *planejamento de marketing* — para, em seguida, desenvolvermos o *briefing de comunicação*, o *planejamento de comunicação e propaganda* e o *briefing de criação* e, assim, chegarmos até a *criação da propaganda*.

De forma objetiva, ressaltamos que, com base nas informações do *briefing* de comunicação, definimos o *planejamento e a propaganda* e, dentro dele, o *briefing de criação*. Ainda demonstraremos neste livro que tal documento busca definir a principal mensagem que a propaganda deve realizar, ou melhor, qual o "foco" que a mensagem deve seguir.

Ao estudar os *briefings* de criação, podemos identificar algumas características que se apresentaram de forma semelhante em todo o *corpus* selecionado. Normalmente o documento é padronizado nas agências e serve à empresa prestadora de serviços de criação e produção de propaganda. Trata-se de um documento centralizador e abrangente em termos de informações gerais, e pode ser considerado um aglutinador de informações entre todos os profissionais e áreas envolvidas.

Numa agência de propaganda, o *atendimento* é o profissional que recebe as informações. Com os profissionais de *criação*, *mídia*, *pesquisa* e *planejamento* desenvolvem, complementam, discutem e focam o *briefing de criação*. O *atendimento* é o profissional que representa o cliente na agência de propaganda; é o responsável, juntamente com o profissional de *planejamento*, pelo documento. Sendo assim, todos esses profissionais citados definem o conteúdo do documento que irá também direcionar todas as outras atividades que farão parte da campanha de propaganda. Enquanto a *criação* cria a mensagem, o *mídia* é responsável pela reserva de espaços e futura veiculação da mensagem. O profissional de *pesquisa* alimenta com informações atualizadas todo o grupo e o *atendimento* aprovará com o cliente essa mesma propaganda, sempre direcionado pelo "foco" definido por todos os profissionais, inclusive, o cliente, no documento chamado *briefing* de criação (LADEIRA, 1996).

Sistema de Atendimento 20/07/98

TRABALHO Nº TA-8.1998.0330.TA

De: DIRATE-TA-8

Para: DIRÊRC-TA

Cliente:	**SEMP TOSHIBA**
Classificação:	**PROPAGANDA**
Produto:	**LINHA DE PRODUTOS**
Campanha:	**HOME THEATER 98**
Verba máxima:	**R$ 15000,00**
Prazo solicitado:	**30/07/98**
Prazo previsto:	

ESPÉCIES SOLICITADAS:

ANÚNCIO PARA REVISTA

PEDIDO SIMPLIFICADO

BRIEFING - LANÇAMENTO DO HOME THEATER TOSHIBA
Data: 20/7/98
Prazo de criação: 30/7/98

Mauro,
Solicitamos criação de campanha impressa (mídia revista) para divulgação do lançamento do produto Home Theater Toshiba.
Segue briefing para a criação:

LANÇAMENTO DO HOME THEATER TOSHIBA

A Semp Toshiba estará lançando o seu HOME THEATER, em agosto-setembro/98, com a mais nova tecnologia de imagem e som desenvolvida pela própria Toshiba do Japão.

Trata-se de um lançamento muito importante em termos de oportunidade para criarmos uma campanha que agregue atualidade e inovação à imagem da marca Semp Toshiba.

Vale salientar que o atual estágio do negócio é de um produto novo, destinado a um público de alto poder aquisitivo, bom conhecimento e nível de exigências quanto à marca e recursos tecnológicos de produto. Desta forma, precisaremos enfatizar tanto a marca, quanto as informações básicas sobre o produto e seus benefícios nessa comunicação.

O PRODUTO HOME THEATER

O conceito "home theater" tem o objetivo de trazer as emoções e sensações do cinema para a casa do consumidor, proporcionando maior impacto de som e melhores recursos de imagem.
O Home Theater é composto por um televisor tela grande ou telão de projeção, um videocassete estéreo, um DVD, 5 caixas de som e um receiver.
O receiver é o principal aparelho do home theater, porque possui as entradas para conexão com os equipamentos de áudio e vídeo, nas quais são acoplados os cabos do CD player, toca-fitas, toca-discos, videocassete, DVD.

COMO FUNCIONA ESSA ENGENHOCA?
O som é distribuído por 2 canais frontais das caixas acústicas principais, que dão a sensação de que ele está se deslocando de um lado para o outro.
Assim, ouve-se balas passando de um lado para outro durante um tiroteio, por exemplo.
O canal surround leva o som a 2 caixas auxiliares que produzem os efeitos de ambientação que envolvem o público com as cenas às que assiste, destacando os sons de fundo, o vento, gritos, motores...
Há, ainda a caixa central, que reproduz os sinais sonoros referentes à imagem principal, como vozes, diálogos, etc.
O direcionamento do som é que mantém o envolvimento do expectador com o filme, por isso é super importante que a TV fique entre as 2 caixas frontais, as quais devem ficar em frente ao sofá onde se assiste ao filme, uma à esquerda e a outra à direita. A caixa central deve ser posta abaixo ou acima da TV e as caixas de surround, devem ser posicionadas lateralmente, um pouco acima da linha dos ouvidos do público, uma à esquerda, a outra à direita.
Obviamente, quanto mais recursos de imagem tiver o telão (ou TV) maior impacto e sensação de "cinema em casa" se terá.
E os equipamentos de videocassete e DVD também têm uma importância vital nesse conjunto, pois são

ATTRAB Página: 1

Sistema de Atendimento 20/07/98
TRABALHO Nº TA-8.1998.0330.TA
De: DIRATE-TA-8
Para: DIRÊRC-TA

Cliente:	**SEMP TOSHIBA**
Classificação:	**PROPAGANDA**
Produto:	**LINHA DE PRODUTOS**
Campanha:	**HOME THEATER 98**
Verba máxima:	**R$ 15000,00**
Prazo solicitado:	**30/07/98**
Prazo previsto:	

responsáveis pela transmissão dos filmes.

O MERCADO BRASILEIRO

O Home Theater, seguido pela TV megascreen, é um grande objeto do desejo do consumidor brasileiro.Todo mundo quer ter um.
Como são necessários vários itens e o custo total do sistema não é barato, hoje esse produto é acessível apenas para as classes de alto poder aquisitivo.
Nem todos os fabricantes vendem o "set" completo para o consumidor. Vários deles dispõem do videocassete e dos televisores megascreen, mas somente a Gradiente, a Pioneer e a Philips têm comunicado a venda do jogo completo para o mercado. Nos demais casos, é preciso comprar um ou dois itens de cada marca.
Como se trata de alta tecnologia e de um mercado ainda pequeno, em volumes de venda, muitos varejistas têm trabalhado com produtos importados, principalmente na parte de telões, áudio e DVD.

COMUNICAÇÃO DA CONCORRÊNCIA
A Gradiente comunicou o lançamento do "Home Theater in a box" durante 1997, assegurando a venda do set inteiro com sua marca, facilitando para o consumidor a parte de instalação (conexões/sistemas compatíves) e assistência técnica do produto.
A Philips também anunciou seu produto como "Home Cinema Philips", apoiando-se no conceito "leve o som do cinema para sua casa", nessa comunicação seu objetivo foi basicamente vender o receiver e as caixas de som para um público que, segundo a empresa, já deveria possuir uma TV megascreen e um vídeo estéreo em casa.
Já a Pioneer apoiou-se na acústica de alta performance.

CONTEXTO SEMP TOSHIBA NO SEGMENTO HOME THEATER

Até o momento, a Semp Toshiba não havia anunciado seu Home Theater porque estava trabalhando no lançamento de seu receiver e caixas acústicas, que são itens fundamentais na composição do produto.
Conforme sabemos, a Toshiba é a empresa que desenvolveu o padrão DVD, o qual foi adotado posteriormente pelos fabricantes do mundo inteiro. Ela é quem detém o know-how de produtos e tecnologia de última geração neste campo.
Consequentemente, em termos de videocassetes, televisores e DVD, a reputação da Semp Toshiba é incontestável. A partir de agora, estaremos oferecendo ao mercado brasileiro o melhor receiver e melhores caixas acústicas do mercado.

OBJETIVOS DE COMUNICAÇÃO e APELOS
1 - Comunicar que o Home Theater Toshiba é o melhor do mercado porque é o mais completo e mais moderno conjunto disponível no Brasil:
- todos os itens são da marca Toshiba, logo inteiramente compatíveis e dispõem da assistência técnica Semp Toshiba

2 - EXPLORAR BASTANTE O RECEIVER E O DVD:
- possui o "DVD de quem criou o padrão DVD"
- e o único com receiver com sistema Dolby Digital AC3
- Obs.: nos home theaters da Sony, Gradiente, Philips, nem as versões top de linha têm o recurso AC3 dolby digital, tampouco a potência do nosso receiver. Ou seja, estamos falando de recursos de áudio hiper modernos.
Nosso receiver dispõe da última tecnologia de distribuição de som, compatível com nosso DVD e é superior aos receivers da concorrência. RESULTADO: "HOME THEATER TOSHIBA, O MAIS SOFISTICADO E DE MAIS ALTA PERFORMANCE DO MERCADO."

ATTRAB Página: 2

Sistema de Atendimento 20/07/98
TRABALHO Nº TA-8.1998.0330.TA
De: DIRATE-TA-8
Para: DIRÊRC-TA

Cliente:	**SEMP TOSHIBA**
Classificação:	**PROPAGANDA**
Produto:	**LINHA DE PRODUTOS**
Campanha:	**HOME THEATER 98**
Verba máxima:	**R$ 15000,00**
Prazo solicitado:	**30/07/98**
Prazo previsto:	

3 - AINDA ASSIM, DEVEMOS TOMAR CUIDADO PARA NÃO TORNAR O PRODUTO ACIMA DAS POSSIBILIDADES PSICOLÓGICAS DO CONSUMIDOR (VAMOS FALAR).

APELOS:
- Qualidade é um item genérico, deveremos especificar que em termos de diferenciação de produto o Home Theater Toshiba é o melhor conjunto porque na sua composição temos o DVD Toshiba (de quem criou o padrão DVD/ c/ saída Dolby Digital) e um receiver impecável Dolby Digital AC3

- Marca Toshiba (institucional) - força em tecnologia, know-how comprovado, excelente reputação

- Exemplos:
*"Se você quer um Home Theater, você merece logo o Melhor. Por isso, compre um Home Theater Toshiba."

*Projetar o Home Theater na condição de estrela e agregar imagem para toda a Marca

DESENVOLVIMENTO DO POSICIONAMENTO E CONCEITO PARA O HOME THEATER TOSHIBA, BASEADO NAS CONSIDERAÇÕES ACIMA
(VAMOS FALAR)

NOSSO PREÇO

preço ao consumidor:
DVD - 1500,00
Receiver - 1500,00
6 caixas - 2000
telão 50" - 5000
vídeo - 400
total cjto - 10400,00

BENEFÍCIOS DO HOME THEATER PARA O CONSUMIDOR

Uso: entretenimento (música, filmes.) - aliadas aos recursos tecnológicos - principalmente a qualidade de som e imagem.
Emoção do cinema trazida para casa.

PÚBLICO-ALVO DE COMUNICAÇÃO

É vital lembrar que o parque de eletrônicos brasileiro é relativamente novo, já que logo após o Plano Real houve um "boom" de compra no setor, onde grande parte dos consumidores, principalmente de classe média e baixa, adquiriram CD players, videocassetes, televisores coloridos, etc...
Esse público, que representa a grande massa de consumidores brasileiros não será quem, de fato, comprará o nosso produto.

Nesse primeiro momento, visaremos atingir o público mais inovador em termos de adoção e interesse por produtos relacionados a entretenimento (áudio e vídeo). Ou seja, pessoas bem sucedidas com renda disponível para implantar home theaters de primeira linha em suas casas, etc...
Nosso foco será despertar o desejo de compra pelo Home Theater Toshiba, para consumidores que valorizem o

ATTRAB Página: 3

Sistema do Atendimento 20/07/98

TRABALHO Nº TA-8.1998.0330.TA

De: DIRATE-TA-8

Para: DIRERC-TA

Cliente: **SEMP TOSHIBA**
Classificação: **PROPAGANDA**
Produto: **LINHA DE PRODUTOS**
Campanha: **HOME THEATER 98**
Verba máxima: **R$ 15000,00**
Prazo solicitado: **30/07/98**
Prazo previsto:

apelo de diferenciação baseado na
qualidade e superioridade tecnológica, comprovadas através do receiver e padrão DVD criados pela Toshiba.
"Quem quiser ter o melhor Home Theater em casa, ficará louco de vontade de comprar um conjunto inteiro Toshiba, porque Toshiba é o melhor do mercado."

Observação:
Ainda assim, esse forte apelo deve contribuir para que o produto seja percebido como um desejo acessível a seu público. Ou seja, um produto extremamente avançado e diferenciado, que a Toshiba desenvolveu para atender a um público iqualmente sofisticado e exigente.

OUTROS OBJETIVOS IMPORTANTES DESSA CAMPANHA DE LANÇAMENTO

1) Reforço dos elementos atualização e inovação para a imagem institucional da marca Semp Toshiba. Ou seja, usar o Home Theater TOSHIBA, para indicar o avanço tecnológico e qualidade incontestável da marca.
2) Gerar envolvimento e despertar interesse de compra no público mais inovador, de maior poder aquisitivo, evidenciando particularidades do Home Theater TOSHIBA, como altamente desejável dentro da categoria
3) O enfoque da comunicação NÃO deve ser dirigido a tornar obsoleto o videocassete ou qualquer outro produto eletroeletrônico disponível no mercado.
4) Atenção à questão da acessibilidade do produto

FORMATOS DAS PEÇAS:
Revistas: página dupla 4 cores
Folheto de apresentação do produto
Anúncio para Veja e Caras - Home Theater Toshiba
Veja - ed. 30/8 - mat. 21/8
Caras - ed. 2/9 - mat. 21/8

PRODUÇÃO:
O cliente solicita que seja orçada produção fotográfica, ambientada, para o home theater, contendo os produtos abaixo:
Home theater: telão 50" + DVD + Vídeo + receiver + caixas
* QUANTO À VERBA DE PRODUÇÃO, CONSIDERAR MESMA ORDEM DE GRANDEZA DO JOB REF. AO DVD E LINHA DE TELEFONES. (FOTOS + PRODUÇÃO)
Deveremos respeitar o seguinte cronograma de produção:
- cronograma de produção
criação - 13 a 22/7
aprovação/ arte-final - 31/7
produção - 01/8 a 14/8
material - 20/8

Atenciosamente,

Nociti e Maria

P.s. - seguirão anexos lâminas com features dos produtos e referências de propaganda e apelos usados pela concorrência

ATTRAB Página: 4

Sistema de Atendimento 03/08/98

TRABALHO Nº TA-8.1998.0330.TA

De: DIRATE-TA-8

Para: DIRERC-TA

Cliente: **SEMP TOSHIBA**
Classificação: **PROPAGANDA**
Produto: **LINHA DE PRODUTOS**
Campanha: **HOME THEATER 98**
Verba máxima: **R$ 15000,00**
Prazo solicitado: **04/08/98**
Prazo previsto:

ESPÉCIES SOLICITADAS:
ANÚNCIO PARA REVISTA

PEDIDO SIMPLIFICADO
DATA: 3/8/98
PRAZO: 4/8/98
ADENDO - JOB HOME THEATER TOSHIBA

MACHADO E ADERBAL,

NOSSA APRESENTAÇÃO DE HOME THEATER FOI SUPER BEM.

AGORA PRECISAMOS ENVIAR A PROPOSTA DE TEXTO AMANHÃ DE MANHÃ PARA O CLIENTE.

EM RELAÇÃO OS LAYOUTS, VAMOS ORÇAR OS CUSTOS DE PRODUÇÃO FOTOGRÁFICA PARA OS TÍTULOS ABAIXO:

1 - "VOCÊ NÃO BEBE, NÃO JOGA, NÃO FUMA... TÁ NA HORA DE ARRUMAR UM VÍCIO"
2 - "VOCÊ NÃO VAI QUERER SAIR DA FRENTE DA TV" (SOFÁ COM MARCA DE UMA PESSOA SENTADA)
3 - "SOM E IMAGEM QUASE COMO NA VIDA REAL" - JULIA ROBERTS
4 - "NOVO HOME THEATER TOSHIBA. VOCÊ NUNCA VIU NEM OUVIU NADA PARECIDO." (LAYOUT COM FURO NO TETO)

QUANTO AOS LAYOUTS, O CLIENTE SOLICITA OS SEGUINTES AJUSTES:

1 - INSERIR NÚMEROS NOS PRODUTOS, COM LEGENDA REF. AO NOME E MODELO DE CADA PRODUTO

2 - QUANTO ÀS FOTOS:

- A PRINCÍPIO, O CLIENTE AUTORIZARÁ A PRODUÇÃO DE 2 LAYOUTS PÁG. DUPLA (1A. INSERÇÃO VEJA E CARAS). POR ISSO, ELE NOS ORIENTOU PARA ESTUDARMOS ESSES LAYOUTS DE FORMA QUE NA AMBIENTAÇÃO DE UM DELES SEJA UTILIZADO UM TV DE TELA GRANDE 51" ou 60" NO SET JUNTO AOS DEMAIS PRODUTOS (RECEIVER, CAIXAS, VÍDEO E DVD) E NO SEGUNDO LAYOUT, O PROJETOR MULTIMÍDIA (+ PRODUTOS).

- O CLIENTE TAMBÉM PEDE UMA REUNIÃO DE PRE-BRIEFING FOTOGRÁFICO, NA QUAL DISCUTIREMOS QUE A AMBIENTAÇÃO DEVERÁ VALORIZAR OS PRODUTOS COMO PROTAGONISTAS, NUM AMBIENTE NOBRE COMPONDO O CENÁRIO.

- A SEMP TOSHIBA PATROCINA UMA MOSTRA DA ARTEFACTO, NA QUAL JÁ TEMOS SALAS DE HOME THEATER MONTADAS POR IMPORTANTES DECORADORES. O CLIENTE GOSTARIA DE CONVERSARMOS COM O FOTÓGRAFO E DIRETOR DE ARTE PARA TENTARMOS APROVEITAR ESSES SETS JÁ MONTADOS PARA AMBIENTARMOS A FOTO.

- TAMBÉM SERÁ NECESSÁRIO A PRESENÇA DO GERENTE DE PRODUTOS DA SEMP TOSHIBA NA MONTAGEM DA FOTO, P/ ORIENTAR QUE OS PRODUTOS SEJAM ALOCADOS NAS POSIÇÕES E FORMAS TECNICAMENTE CORRETAS.

Qq dúvida, vamos falar.
Nociti e Maria

ATTRAB Página: 1

No *briefing* de criação da agência Talent, referente ao lançamento do produto home theater, do cliente Semp Toshiba, temos uma determinada característica de padronização adotada pela agência. Na parte superior esquerda do documento, há a identificação "Sistema de Atendimento" que é o sistema de software adotado para auxiliar os profissionais de atendimento da agência. Esse documento apresenta um cabeçalho onde se identificam: data do documento, número do trabalho, destinatário, emitente, cliente, classificação, produto, campanha, verba máxima, prazo solicitado e prazo previsto. O cabeçalho repete-se na parte superior das quatro páginas do *briefing*.

Sistema de Atendimento 20/07/98
TRABALHO Nº TA-8.1998.0330.TA
De: DIRATE-TA-8
Para: DIRERC-TA

Cliente:	**SEMP TOSHIBA**
Classificação:	**PROPAGANDA**
Produto:	**LINHA DE PRODUTOS**
Campanha:	**HOME THEATER 98**
Verba máxima:	**R$ 15000,00**
Prazo solicitado:	**30/07/98**
Prazo previsto:	

ESPÉCIES SOLICITADAS:
ANÚNCIO PARA REVISTA

PEDIDO SIMPLIFICADO
BRIEFING - LANÇAMENTO DO HOME THEATER TOSHIBA
Data: 20/7/98
Prazo de criação: 30/7/98

Na primeira página do *briefing,* há uma área de preenchimento identificada como "espécies solicitadas" e, em seguida, aparece a identificação de "pedido simplificado" que passa a apresentar quatro páginas de informações. Os termos DIRATE e DIRERC, respectivamente identificados como emitente e destinatário, significam *Diretoria de Atendimento* e *Diretoria de Redação e Criação*.

Inicialmente, os *briefings* analisados foram os da agência AlmapBBDO das campanhas Kibon (picolé Fruttare) e Senna Import (automóvel Audi A6).

AlmapBBDO
PEDIDO DE SERVIÇO
CRIAÇÃO

Emitido em: 26/05/99 18:36 PS: 12395

Cliente: KIBON S.A. IND.ALIMENTICIAS
Produto: FRUTTARE KIPOLPA Grupo: FICO

Campanha: CAMPANHA FRUTTARE 98/99
Trabalho: 001 - CAMPANHA FRUTTARE 98/99

Obs. n. 4 **27/01/99 - 19:17** **Prazo de entrega: 29/01/99 - 12:00**

Meninos,
Precisamos rever alguns pontos no roteiro "Deserto" conforme as observações abaixo:
Excluindo Brasil e Argentina, os países na América Latina não conhecem a categoria "sorvete feito de fruta natural". Nesses mercados só extistem picolés de água. O que se entende por "suco de fruta" é Tang. Não existe a percepção de naturalidade por parte dos consumidores.
Além disso, a marca Fruttare é absolutamente desconhecida nesses países.
O que precisamos pensar e rever é o seguinte:
1) É possível darmos um peso maior para o conceito "feito de fruta natural", passando a idéia de riqueza no sabor? Reforçar a idéia de que Fruttare é diferente do picolé de água pois é feito com a própria fruta.
2) Já que essa será a primeira vez que o consumidor terá contato com o produto e com a marca, o filme deverá ser super didático e explícito, expondo ao máximo o produto. O gênio funcionará apenas como um coadjuvante.

Precisamos rever se o filme aguenta essas alterações.
Vamos falar.

Grata,

Martha

Obs. n. 3 **24/11/98 - 15:51** **Prazo de entrega: 24/11/98 - 12:00**

A idéia do personagem "gênio-surfista" está ganhando força na Kibon.
Ninguém é mais "Fresh Cook Walker" que um surfista.
Eu já adiantei para o cliente que o "gênio-surfista" não será aquela coisa babaca que o cara está com calor e o "gênio-surfista" o transporta para uma praia tomando sorvete.
Segue anexo as observações do cliente por escrito.

Obrigado,

C.C.- Criação
Atendimento

Pag. 1

AlmapBBDO
PEDIDO DE SERVIÇO
CRIAÇÃO

FICO

Obs. n. 2 **11/11/98 - 11:18** **Prazo de entrega: 13/11/98 - 12:00**

A Almap apresentou várias linhas de campanha para o verão 98/99 de Frutare.
O cliente gostou muito, principalmente da impressa, mas achou que estava faltando uma "plataforma emocional" ao produto. O cliente refez o briefing colocando uma personalidade para Frutare. Segue anexo um esquema que mostra o que vem a ser essa "plataforma emocional".
Precisamos criar novos filmes. Imoprtante: o cliente pediu que não seja um quantidade de roteiros como o da última vez (doze). Três roteiros estão mais do que bom.

Fico

Obs. n. 1 **24/08/98 - 10:34** **Prazo de entrega: 18/09/98 - 12:00**

FATO PRINCIPAL:
No verão passado a Kibon lançou o Frutare Kipolpa nos sabores uva e maracujá. Uma extensão da linha do Frutare que introduziu no mercado um novo conceito de picolé de fruta. Seu diferencial é a sua textura, maciez e uma cobertura que realça ainda mais o sabor e sensação de estar saboreando a própria fruta. Além disso, o novo formato e a maior quantidade de produto. Frutare Kipolpa teve uma grande receptividade junto ao consumidor. Agora a Kibon prepara lançamento de dois novos sabroes para o verão 98/99.

O QUE A PROPAGANDA PODE FAZER:

A comunicação de Frutare Kipolpa deve ressaltar as propriedades que a linha Frutare vem explorando nos últimos anos. Esses signos que formam a personalidade da comunicação de Frutare são: calor (praia), fun, descontração, turma, alegria e música.

OBJETIVO:

Consolidar o conceito da nova textura, maciez (mais sabor de fruta).
Continuar estabelecendo associação com a marca Frutare.
Assegurar a permanência dos elementos: naturalidade, refrescância e jovialidade.

POSICIONAMENTO:

C.C.- Criação
Atendimento

Pag. 2

AlmapBBDO
PEDIDO DE SERVIÇO
CRIAÇÃO

Aos consumidores que procuram refrescância, Frutare é o "snack" congelado que proporciona a melhor combinação de NATURALIDADE e REFRESCÂNCIA porque é produzido com a polpa da própria fruta.

TARGET:

JOVENS 13 A 17 ANOS
Classes social A, B, C e D
Ambos os sexos

Campanha: TV, revista, outdoor.

obrigado,

Fico Meirelles

C.C.- Criação
Atendimento

Pag. 3

AlmapBBDO
PEDIDO DE SERVIÇO
CRIAÇÃO

Emitido em: 26/05/99 18:36 PS: 11410

Cliente: SENNA IMPORT COMERCIAL IMPORTADORA EXPORTADORA LTDA
Produto: AUDI A6 Grupo: FICO

Campanha: NOVA CAMPANHA A6
Trabalho: 001 -NOVA CAMPANHA A6

Obs. n. 4 **13/05/98 - 14:12** **Prazo de entrega: 14/05/98 - 18:00**

Precisamos desenvolver os textos dos anúncio "Perrier" e "Armani".
O brief continua o mesmo de toda a campanha.
Não podemos esquecer de colocar com destaque que o carro foi eleito o importado do ano pela revista Auto Esporte.

Qualquer dúvida, fale comigo.

Grata,

Martha

Obs. n. 3 **29/04/98 - 17:24** **Prazo de entrega: 04/05/98 - 18:00**

Como sabemos, os anúncios Calvin, Perrier e Armani foram aprovados e já estão em produção.
Precisamos agora desenvolver os textos.
É importante lembrar que o anúncio Calvin terá 4 páginas e não 3 como havíamos provisto. Isso significa que devemos desenvolver também texto para a 4° capa do anúncio (seguindo o modelo que fizemos para o anúncio água).

Promessa
O melhor carro do ano e do próximo século.

Razão da promessa
A revista Audo Esporte, numa votação que faz anualmente, elegeu o Audi A6 como sendo o carro importado do ano. Ele concorreu com o Chrysler Stratus, Mercedes-Benz SLK, Peugeot 406 e Volvo S40. O juri foi composto por 14 jornalistas especializados do Brasil, Argentina e Uruguai.

Qualquer dúvida, fale comigo.
Grata,

Martha

C.C.- Criação
Atendimento

Pag. 1

AlmapBBDO
PEDIDO DE SERVIÇO
CRIAÇÃO

<u>Obs. n. 2</u> **15/04/98 - 14:58** **Prazo de entrega: 22/04/98 - 10:00**

Como sabemos, os anúncios Obssession, Armani e Perrier forma aporvados.
Estamos agora verificando os direitos de uso.
Na apresentação feita em Nova York, o Leonardo apresentou tanto a campanha como algumas ações promocionais. As ações promocionais foram meio questionadas pelos alemães e agora, ele pensa em reverter essa verba para televisão.
A idéia inicial dele é a de fazer um filme baseado no anúncio do Armani.
Precisamos pensar se isso é possível. Caso não seja, podemos pensar em um outro filme de produção rápida.

Além do filme, temos ainda que criar:
4 páginas sequenciais para a Folha de São Paulo, seguindo um dos anúncios.
1 spot de rádio 30'. Para esse spot, devemos ressaltar que o A6 foi eleito o carro do ano pela revista Auto Esporte.

Qualquer dúvida, fale comigo.

Grata,

Martha

<u>Obs. n. 1</u> **30/03/98 - 14:50** **Prazo de entrega: 06/04/98 - 10:00**

Fato Principal
Apesar do grande lançamento do A6 no ano passado, não vemos ainda o novo carro nas ruas. A grande razão é porque a fábrica não mandou os carros.
O novo A6 chegará em grande volume para comercialização agora no início de maio.

Problema que a propaganda deve resolver
Precisamos criar uma campanha de "relançamento" para o A6, agora disponível.
Essa campanha será apresentada no dia 7/4 em Nova York para a Audi AG que deverá financiá-la.
Por uma limitação de verba e polo fato de esta campanha ter que ser nacional, sugerimos as mídias revista e outdoor.
O Cliente solicitou também sugestões de ações promocionais para o "relançamento".

Promessa

C.C.- Criação
Atendimento

Pag. 2

AlmapBBDO
PEDIDO DE SERVIÇO
CRIAÇÃO

A principal promessa está em cima do novo design: bonito e arrojado, diferente de todos os outros Audis.
A promessa secundária está em cima dos features: em termos de features, o novo A6 é o A8 menor.

Razão da promessa
O novo design é revolucionário, diferente de todos os modelos da Audi.Ele segue a nova linha do TT que será lançado no ano que vem. Traseira mais arredondada com linhas completamente diferentes. (melhor do que falar sobre o design, é ver o carro novo).
Como tecnologia, o carro traz muitos features do A8. Na verdade ele é um A8 menor, mais bonito, mais arrojado. Motor V6 30 válvulas. Porta malas maior do que o anterior. Suspensão Four Link, câmbio Tiptronic, farósi Xenon, ar condicionado individual para motorista e passageiro com regulagem individual.
Como opcional ele oferece o Focus (6 airbags), painel solar que resfria o ar interior do carro automaticamente).

Qualquer dúvida m me procure.

Grata,

Martha

C.C.- Criação
Atendimento

Pag. 3

Esses documentos apresentam como título o nome da agência, seguido pelo título "pedido de serviço", logo abaixo o título "criação". Nesse documento do processo, há uma nova característica de padronização adotada pela agência.

AlmapBBDO
PEDIDO DE SERVIÇO
CRIAÇÃO

Na seqüência, consta um quadro com data e hora de emissão do documento, número do pedido de serviço, nome do cliente, produto, nome do grupo que atende o cliente, nome da campanha, número e nome do trabalho.

AlmapBBDO
PEDIDO DE SERVIÇO
CRIAÇÃO

Emitido em: 26/05/99 18:36 PS: 12395

Cliente: KIBON S.A. IND.ALIMENTICIAS
Produto: FRUTTARE KIPOLPA Grupo: FICO

Campanha: CAMPANHA FRUTTARE 98/99
Trabalho: 001 - CAMPANHA FRUTTARE 98/99

Tal quadro abre o *briefing* de criação e, na seqüência dos textos, há uma ordem decrescente de reuniões ou *feedbacks* dos profissionais de atendimento em relação ao trabalho da criação, sempre da mais recente à mais distante. A cada nova reunião, o último relatório é acrescido no texto inicial e passa a ser a primeira informação do *briefing*. As reuniões anteriores também farão parte do documento chamado *briefing* de criação.

O briefing

de criação exerce o papel de reunir informações que procuram direcionar, nortear e selecionar o caminho do conteúdo da mensagem da campanha para a criação.

Verificando as primeiras informações dos pedidos de serviço de criação, há na ordem de texto os seguintes títulos: fato principal, problema que a comunicação deve resolver, promessa e razão da promessa (campanha da Audi), e fato principal, o que a propaganda pode resolver, objetivo, posicionamento, *target* e mídias que irão compor a campanha (Kibon). Aparece também em letras mais encorpadas o prazo de entrega dos *layouts*, que é de 15 dias para a campanha Kibon e seis para a campanha da Audi.

Com base nessas primeiras informações e apresentações dos trabalhos de criação pelo profissional de atendimento, há no mesmo documento retorno sobre o andamento das aprovações e análises do cliente. Isso centraliza a informação do processo de criação coletiva em apenas um relatório, procurando organizar, assim, o processo a todos os profissionais (criação, planejamento, mídia, tráfego e atendimento) envolvidos.

Percebemos que o *briefing* de criação apresenta-se com cópias para outros departamentos. É redigido como um documento da agência com características de ordem de serviço (OS) em papel timbrado, identificado pelo relator do documento e protocolado pelo departamento de tráfego, que cuida da cobrança dos cumprimentos de prazo de todos os departamentos envolvidos em qualquer projeto publicitário.

Como conteúdo, pode-se verificar também que esses documentos, de forma geral, apresentam informações baseadas nos diversos profissionais envolvidos, tais como: preços do produto no mercado ao consumidor final, características técnicas e práticas do produto, pesquisas e dados de produtos concorrentes, pontos negativos e positivos do produto, hábitos do consumidor, históricos da empresa e produtos que sejam relevantes à comunicação, entre outros.

Para todas as campanhas, o *briefing* de criação exerce o papel de reunir informações que procuram direcionar, nortear e selecionar o caminho do conteúdo da mensagem da campanha para a criação. O *briefing* parece ser um instrumento que o profissional de criação utiliza para balizar o processo, mas não é uma ferramenta definitiva para o bom resultado criativo de uma propaganda.

É o que propõe Jacques Lewkowicz, sócio e diretor de criação da agência Lew Lara, citado por Marcondes e Galvão (1999, p. 30), para quem: "Se o planejamento fosse bom sozinho, não seria necessário mais nada para colocar um produto no mercado".

Para Carlos Silvério, diretor de criação da agência DPZ, também citado por Marcondes e Galvão (1999, p. 30), planejamento sem discussão com a criação é mau planejamento: "Quando a gente fala em planejamento, está pensando em estratégia criativa. E, sem essas ferramentas, eu posso até criar, mas crio sem foco. Elas servem para coordenar a enxurrada de idéias".

Celso Loducca, sócio e diretor de criação da Lowe Loducca, citado por Marcondes e Galvão (1999, p. 30), lembra que: "Antigamente, o criador dizia qual era o discurso, de uma forma intuitiva. Hoje, esse discurso é determinado em conjunto pelo atendimento, criação e mídia, para que o criador trabalhe em cima. Mas o impacto é imprescindível para a eficácia. E quem cria os elementos de impacto é a criação. É ela que garante que uma mesma mensagem seja dita de forma nova e surpreendente durante décadas".

Clóvis Calia, sócio e diretor de criação da Calia Assumpção, citado por Marcondes e Galvão (1999, p. 30), afirma: "São importantes todos os caminhos que propiciem ao criador melhores e mais seguras informações sobre o produto, a marca e o consumidor. *Briefings* e pesquisas não cerceiam a criação, pelo contrário, abrem caminho para uma comunicação melhor direcionada, que nem por isso deve deixar de ser criativa".

Ercílio Tranjan, sócio e diretor de criação da Contemporânea/SLBB, citado por Marcondes e Galvão (1999, p. 30), ressalta:
"O planejamento nunca tolhe a criação, pelo contrário, lhe dá uma luz".

O *briefing* de criação deve ser considerado um documento fundamental e extremamente importante na criação de uma propaganda.

Apresentamos a seguir algumas identificações importantes nos *briefings* de criação dos *corpus* selecionados que reforçam as características de "foco" pretendido.

Na seqüência, temos o *briefing* de criação da campanha dos Perfumes Natura. O texto do documento foi redigido pelo cliente que é o profissional que gerencia a linha de perfumaria.

Trata-se de um documento objetivo e sintético. Em suas informações, o cliente já define o foco da propaganda.

Page 1

NATURA PERFUMARIA
BRIEFING PARA CAMPANHA REVISTAS
20/11/98

Em 97 foi criado o espaço "Portfolio Natura" espelhado com o expediente das revistas femininas de modo a explicitar ao consumidor a variedade do portfolio da Perfumaria Natura / fine fragrances.

A Natura havia produzido a primeira fine fragrance nacional, com o lançamento de Essencial (masc/fem) em 95 e dali em diante expandido seu portfolio com outros perfumes de padrão internacional como Exsultate, Kriska, Fhors, Kaiak, Intuição. Porém ainda não havia o awareness do consumidor em relação a isto. O objetivo era, durante os anos de 97 e 98, "desfilar" os produtos na sua melhor forma, enfatizando a VARIEDADE e apoiando-se no design dos frascos. Assim, utilizamos stills de produto muito bem feitos, em fundos que tinham a ver com a cartucharia e o clima do perfume.

Para 99 é preciso evoluir. Já ficou claro que a Natura tem uma grande coleção de perfumes, tem expertise em fine fragrances. Agora é preciso criar um conceito único para a comunicação da Perfumaria Natura, que sirva como guarda-chuva para todos os produtos e também consiga explicitar o conceito de cada um deles individualmente. De preferência incorporando pessoas, já que a comunicação da Natura tem se baseado no uso de consumidores verdadeiros expressando atitudes e comportamentos em concordância com as crenças da empresa, ficando os produtos em 2o plano. Melhor dizendo, uma comunicação em que a somatória dos anúncios agregue valor à marca e traga sofisticação e unicidade à Perfumaria.

Esta linguagem a ser desenvolvida deve perdurar por no mínimo todo o ano de 99, ser aplicável a perfumes masculinos ou femininos, produtos já existentes ou que estarão sendo lançados.

A primeira veiculação já será nas femininas de março, portanto precisamos ter esse caminho apresentado e aprovado até o início de janeiro.

Estamos enviando em anexo referências de anúncios de perfumaria internacional para conhecimento. Estes seriam os concorrentes da Natura, já que as demais empresas de perfumaria nacionais não são expressivas nas fine fragrances, à exceção de alguns produtos do Boticário que vêm sendo lançados recentemente, embora de forma mais mass-market.

Obrigada,
Denise Figueiredo – Gerente de Perfumaria

No primeiro parágrafo, o cliente fala sobre a localização de veiculação em revistas femininas desde 1997, chamado de espaço "Portfolio Natura", que é a localização espelhada com o expediente da publicação e do hábito em se veicular nessa localização.

Assim, o texto define a localização do anúncio a ser criado.

Em 97 foi criado o espaço "Portfolio Natura" espelhado com o expediente das revistas femininas de modo a explicitar ao consumidor a variedade do portfolio da Perfumaria Natura / fine fragrances.

No segundo parágrafo, há um breve histórico das comunicações realizadas pela empresa e seus respectivos objetivos, desde 1995 até o ano de 1998. As formas de criação adotadas nas imagens dos produtos (fotos *still*) e o *design* dos frascos dos perfumes são relatados.

> **A Natura havia produzido a primeira fine fragrance nacional, com o lançamento de Essencial (masc/fem) em 95 e dali em diante expandido seu portfolio com outros perfumes de padrão internacional como Exsultate, Kriska, Fhors, Kaiak, Intuição. Porém ainda não havia o awareness do consumidor em relação a isto. O objetivo era, durante os anos de 97 e 98, "desfilar" os produtos na sua melhor forma, enfatizando a VARIEDADE e apoiando-se no design dos frascos. Assim, utilizamos stills de produto muito bem feitos, em fundos que tinham a ver com a cartucharia e o clima do perfume.**

Visualmente, pode-se notar a palavra "variedade" digitada em caixa alta na quinta linha do segundo parágrafo, como um dos objetivos pretendidos pelas propagandas anteriores. Essa referência chama a atenção, pois foi uma solicitação para a campanha anterior.

Na seqüência, há análise do que a empresa já alcançou em termos de comunicação e na qual se define a busca na nova campanha de propaganda impressa. Solicita-se aqui o conceito da campanha e seus objetivos, fala-se na utilização de consumidores usuários dos produtos da empresa — como já é crença da empresa —, também da busca de uma campanha que seja versátil e duradoura para a veiculação durante todo o ano de 1999.

> **Para 99 é preciso evoluir. Já ficou claro que a Natura tem uma grande coleção de perfumes, tem expertise em fine fragrances. Agora é preciso criar um conceito único para a comunicação da Perfumaria Natura, que sirva como guarda-chuva para todos os produtos e também consiga explicitar o conceito de cada um deles individualmente. De preferência incorporando pessoas, já que a comunicação da Natura tem se baseado no uso de consumidores verdadeiros expressando atitudes e comportamentos em concordância com as crenças da empresa, ficando os produtos em 2o plano. Melhor dizendo, uma comunicação em que a somatória dos anúncios agregue valor à marca e traga sofisticação e unicidade à Perfumaria.**
>
> **Esta linguagem a ser desenvolvida deve perdurar por no mínimo todo o ano de 99, ser aplicável a perfumes masculinos ou femininos, produtos já existentes ou que estarão sendo lançados.**

O briefing é um documento criado por profissionais diferentes e destinado a esses mesmos profissionais; é organizado, embora seja feito pelas pessoas que vão recebê-lo; é claro e objetivo; usa texto coloquial.

Também está claro que os profissionais da agência desenvolvem esse *briefing* de forma coletiva; é um documento criado por profissionais diferentes e destinado a esses mesmos profissionais; é organizado, embora seja feito pelas pessoas que vão recebê-lo; é claro e objetivo; usa texto coloquial.

"Sentamos todos juntos (referindo-se ao planejamento, mídia, pesquisa e criação) e definimos para onde a gente tem que ir, onde vamos mirar. Só depois de definido o foco é que a gente faz a campanha. Ela fica focada ali. Não fugimos do planejado. Até porque fica mais fácil criar depois do foco definido", declara Marcello Serpa (1999, p. 27-28), sócio e diretor de criação da AlmapBBDO.

É importante ressaltar que a grande quantidade de informação e dados do *briefing* de criação faz com que a busca pelo foco coloque o documento em processo de sintetização, como será abordado mais à frente.

O *briefing* desenvolvido pela Talent na campanha da Semp Toshiba é apresentado como exemplo de muitas informações. Refere-se ao lançamento do home theater Toshiba. Mostra o produto detalhadamente e explica de forma simples seu funcionamento e respectivos nomes técnicos. Cita o mercado brasileiro, a comunicação da concorrência, a posição da Toshiba no segmento do tipo de produto, dos objetivos de comunicação, dos apelos, preço, benefícios do produto para o consumidor, público-alvo, objetivos da campanha de lançamento, formato das peças e prazos de produção da campanha e veiculação. O texto do material é de fácil entendimento, objetivo, e passa uma grande quantidade de informações de forma resumida. Apresenta algumas informações entre chaves, nas quais os profissionais de atendimento pedem para conversar com os profissionais do departamento de criação a respeito de determinados tópicos que parecem apresentar um espaço para dúvidas: "(VAMOS FALAR)".

3 - AINDA ASSIM, DEVEMOS TOMAR CUIDADO PARA NÃO TORNAR O PRODUTO ACIMA DAS POSSIBILIDADES PSICOLÓGICAS DO CONSUMIDOR (VAMOS FALAR).

DESENVOLVIMENTO DO POSICIONAMENTO E CONCEITO PARA O HOME THEATER TOSHIBA, BASEADO NAS CONSIDERAÇÕES ACIMA (VAMOS FALAR)

Na seqüência, o texto do *briefing* reforça a característica coletiva da criação e ressalta o trabalho em equipe, como se pode verificar:

- "Nosso foco será despertar o desejo de compra..."
- "Deveremos especificar que em termos de..."
- "... quem, de fato, comprará o nosso produto."
- "... precisaremos enfatizar tanto a marca, quanto..."

E nos *briefings* da Kibon e Audi aparecem:

- "Precisamos agora desenvolver os textos..."
- "Precisamos criar uma campanha de relançamento..."
- "A idéia do personagem 'gênio-surfista' está ganhando força... precisamos rever se..."

Além do cliente, os profissionais envolvidos (planejamento, mídia, criação, atendimento, pesquisa) estão sempre discutindo ou trabalhando o melhor caminho ou foco para o desenvolvimento da criação da propaganda, aprimorando a objetividade e o detalhamento da informação. Pode-se identificar claramente que o *briefing* de criação passa por um processo de apuração. Diante da grande quantidade de informações e de muitas mensagens, o documento busca o foco principal da mensagem, ou melhor, procura prioritariamente definir qual é a mensagem mais importante. Essa busca, sem sombra de dúvida, constitui-se em sua principal característica.

Notam-se na construção e no texto do *briefing* de criação muitas informações e relatos das áreas de marketing e planejamento que podem parecer que o documento ou sua execução possa aparentar algo metódico, pois apresenta muitas informações com função de direcionamento ou foco buscado para se alcançar com a propaganda. Isso não significa que o processo de criação na propaganda deva seguir esse procedimento como manual, mas o *briefing* de criação é um documento vital para definir o foco principal da mensagem da propaganda que, por sua vez, procura ser ousada e criativa. Quanto mais claro for o objetivo direcionado desse documento, mais ele será fundamental e facilitador para o profissional de criação.

Ana Carmen Longobardi, sócia e diretora de criação da Talent, citada por Marcondes e Galvão (1999, p. 29-30), ressalta que: "*Briefings* e pesquisa, quando bem elaborados, tornam-se grandes aliados no processo e funcionam como instrumentos para se chegar a uma criação melhor".

Carlos Chiesa, da agência Chiesa & Cias, citado por Marcondes e Galvão (1999, p. 29-30), coloca ainda o bom *briefing* como grande ponto de partida de tudo e garantia de bons resultados: "O *briefing* aponta o alvo. Quanto mais preciso ele for, menos tempo se perderá na criação da campanha, maiores serão as chances de aprovação e mais concretas serão as possibilidades de se alcançarem os resultados desejados".

Baseado nessas primeiras informações e na apresentação dos trabalhos de criação pelo profissional de atendimento há, mais vezes, retornos no mesmo documento sobre o andamento das aprovações e análise do cliente, características essas que centralizam a informação do processo de criação coletiva em apenas um documento, procurando organizar todo o processo dos profissionais de criação e atendimento envolvidos.

O texto apresenta objetividade, informação clara de forma coloquial, transmite a sensação do cliente — o que gostou, o que não gostou, se vai acrescentar mais informações ou não, sugestões, idéias, etc. O documento mantém sempre os prazos de forma bem clara e evidente.

A cada novo retorno por parte do atendimento, surge um novo prazo de entrega. Verificamos prazos que solicitam uma resposta no mesmo dia e, em alguns momentos, abre-se um prazo de dois dias para novo projeto, encontrando-se até o prazo máximo de oito dias para retorno. O atendimento parece preocupar-se em trazer novas informações e definir prazos de entrega para novas apresentações ao cliente.

O parágrafo abaixo do *briefing* dos perfumes Natura esclarece o prazo para apresentação e definição da campanha. O documento é datado de 20/11/98, e solicita a aprovação até início de janeiro. O prazo de desenvolvimento da campanha é em torno de 40 dias úteis — prevendo-se a apresentação para até dia 5/1/99. Nesse momento, o prazo é estipulado pelo *briefing*, visto que toda a veiculação já está definida para março de 2000 nas revistas femininas. Subentende-se que todas as reservas de espaço na mídia já estão consolidadas, e o prazo do material para a veiculação dos anúncios nas revistas não poderá ser alterado.

> **A primeira veiculação já será nas femininas de março, portanto precisamos ter esse caminho apresentado e aprovado até o início de janeiro.**

Logo no início do texto do *briefing* da campanha da Semp Toshiba, aparece um prazo especificado de dez dias (de 20/7/98 a 30/7/98). Todas as descrições acrescentam ao documento característica empresarial ou de prestação profissional de serviço, reforçando a qualidade do *briefing* de criação como um documento de uma empresa que cria e produz propaganda. Um documento que prima pela organização, grande quantidade de informações, objetividade, controla prazos e define responsabilidades.

O prazo de desenvolvimento do trabalho aqui é bem menor que no *briefing* anterior — 30 dias para a campanha de perfumes Natura e dez dias para essa. Mostra-se como fator importantíssimo na criação na propaganda, pois o planejamento de comunicação já define datas de veiculação dos anúncios. A criação tem o fator "prazo definido e inalterado" para ter o anúncio ou campanha definida e entregue para veiculação.

Verifica-se que o profissional de criação de propaganda também nunca tem liberdade plena de criação, pois expressa uma verdade sobre o produto com o claro objetivo de vendê-lo da melhor forma possível. Ele recebe um direcionamento, sabe onde precisa trilhar, mas o resultado ainda é desconhecido. É o que se chama de *intuição amorfa*, *conceito* ou *premissa geral* e *miragem*, papéis do *briefing* de criação, o elemento direcionador do trajeto com tendência num processo de criação.

Na propaganda, o criador é impulsionado a vencer um desafio e sai em sua busca. A tendência é a comunicação que não apresenta em si solução concreta para o problema, mas indica o rumo. Aqui o *briefing* de criação é responsável pela definição da tendência, do rumo, do foco, por isso podemos referir que sua ca-

CRIAR

livremente não significa poder fazer qualquer coisa, a qualquer momento, em quaisquer circunstâncias e de qualquer maneira. As delimitações são como as margens de um rio pelo qual o indivíduo aventura-se no desconhecido. Vemos o ser livre como uma condição seletiva, sempre vinculada a uma intencionalidade presente, embora talvez inconsciente, e a valores individuais e sociais de um tempo (OSTROWER, 1989, p. 85).

racterística é de uma intuição menos amorfa do que na arte, na qual o artista busca a expressão num trajeto pelo qual ele não tem uma idéia clara de onde quer exatamente chegar.

Para Salles (1998, p. 29): "Esse movimento dialético entre rumo e vagueza é que gera trabalho e move o ato criador". Nessa relação entre limite e liberdade, há a liberdade como possibilidade infinita, e o limite associa-se ao enfrentamento de leis. Conhecer essas leis seria a verdadeira liberdade. É importante lembrar que a liberdade absoluta é desvinculada de uma intenção e, por conseqüência, não leva à ação.

O artista é incitado a vencer os limites estabelecidos por ele mesmo ou pelos fatores externos, e o *briefing* de criação estabelece a série de informações que representa os limites que o criador de propaganda deve se orientar. Desse modo, os limites externos do artista, por sinal, são inúmeros, constituem-se nos propulsores da criação.

No caso da propaganda, há mais rumo que vagueza. Os elementos que definem o rumo são muitos: prazo de entrega, quem irá receber a mensagem, a aprovação do cliente, bem como o conteúdo, o formato e a linguagem da mensagem, entre outros.

O *briefing* de criação apresenta características, diríamos, rígidas para a criação, partimos do prazo, do foco da mensagem, da aprovação do cliente, que fazem parte do documento, como se fosse um encarregado que fecha qualquer possibilidade de "mal-entendidos" e, assim, define todos os limites externos para a criação.

Para a criação, os fatores externos são extremamente incitadores e desafiadores, sobretudo, pela questão do tempo predeterminado como é abordado no início do capítulo (encontramos prazos de entrega que variaram de 6 a 30 dias — e que para se desenvolver um processo de criação coletivo, como é a propaganda, pode-se considerar um ritmo que exige grande dedicação e integração de profissionais).

Esses fatores levam o criador a demonstrar características de grande envolvimento para executar o processo. O processo criador é um percurso com

"um objetivo a atingir, um mistério a penetrar",

de acordo com Picasso (1985, p. 62). Produtivo e essencial é precisamente o caminho. E o desafio, é uma constante no artista, movido por essa busca incessante.

"Será que algum dia alcançarei o objetivo buscado há tempo e de forma tão sôfrega?", pergunta-se Cézanne (1972, p. 336), em seu diário. "Espero. Mas enquanto não é atingido, um sentimento vago de desconforto persiste e não vai desaparecer até que eu tenha alcançado o porto, isto é, até que eu alcance algo mais promissor do que alcancei até agora".

O processo de criação na propaganda mostra-se de modo enfático e direcionador como uma tendência para o outro, que é a caracterização da comunicação. Pode-se considerar o outro aqui como o público-alvo que receberá a comunicação e também o cliente que aprova a propaganda. O criador desenvolve a campanha voltada para impactar o público, mas esta deve ser aprovada pelo cliente anteriormente. Esse ato de aprovação também coloca o cliente como um elemento decisivo e criador da campanha, pois ele tem o poder de interferir no processo. Pode acrescer alguns pontos como também aprovar a campanha da maneira que lhe foi apresentada. Essa característica reforça o trabalho coletivo na propaganda e coloca o cliente como solicitante da peça, sendo assim coautor quando aprova um planejamento, um *briefing* e os *layouts* da campanha. O cliente também faz parte do processo de criação. Quando verificamos a autoria da criação da propaganda, notamos a quantidade de profissionais que participaram do processo, comprovando assim a característica de criação coletiva do setor e ao mesmo tempo de diluição da autoria.

Na seqüência, há alguns recortes que apresentam anúncios impressos de propaganda premiados numa publicação feminina e em alguns concursos do setor.

No início, apresentamos exemplos da *Revista Nova*, edições de março, junho e outubro de 2000. Em todos os textos, com referência à autoria dos anúncios, há os profissionais diretamente ligados à criação e produção do anúncio e, ainda, o nome do profissional que representa a empresa, comprovando a autoria coletiva e, portanto, diluída.

novadeouro

A REDAÇÃO ESCOLHE OS MELHORES ANÚNCIOS PUBLICADOS EM NOVA A publicidade faz parte da vida de uma revista. Nós vivemos juntos, face a face, página a página. Então, por que não falar dela, dizer o que mais nos agrada e o que nos provoca maior impacto? No mês passado, gostamos do anúncio do Pajero io da Mitsubishi Motors, criado pela Lowe Loducca. Tem senso de humor e classe para mostrar a importância de um carrão para nossa leitora!

QUEM FEZ O QUÊ? Da esquerda para a direita: Alexandre Garcia, produtor gráfico; Carlos Chagas, coordenador de mídia; Bettina Quinteiro, diretora de contas; Fernando Julianelli, executivo de contas; Mário D'Andrea, redator; Guilherme Castanho, gerente de mídia; Simoni Di Mendonça, art buyer; e Pedro Pietitisch, diretor de arte. Ausente da foto: Corina Souza Ramos, diretora de marketing da Mitsubishi

192 NOVA • MARÇO/00

novadeouro

A REDAÇÃO ESCOLHE OS MELHORES ANÚNCIOS PUBLICADOS EM NOVA A publicidade faz parte da vida de uma revista. Nós vivemos juntos, face a face, página a página. Então, por que não falar dela, dizer o que mais nos agrada e o que nos provoca maior impacto? No mês passado, gostamos do anúncio da Parati Geração III, da Volkswagen, criado pela Almap. Ele mostra que um modelito como esse na garagem pode nos deixar ainda mais elegantes e poderosas.

QUEM FEZ O QUÊ? Sentados: Sophie Schönburg, redatora; e André Laurentino, diretor de arte. Atrás deles: Regina Madeira, diretora de contas; Luiz Tosi, supervisor de contas; Zuleide Rampazzo, diretora de mídia; Ângela Xavier, supervisora de mídia; José Roberto Bezerra, produtor gráfico; Tereza Setti, art buyer; e André Furlanetto, diretor de atendimento. Ausentes na foto: Marcello Serpa, diretor de criação; Luis Crispino, fotógrafo; e Luis César Barbosa, da Volkswagen

210 NOVA • JUNHO/00

novadeouro

A REDAÇÃO ESCOLHE OS MELHORES ANÚNCIOS PUBLICADOS EM NOVA A publicidade faz parte da vida de uma revista. Nós vivemos juntos, face a face, página a página. Então, por que não falar dela, dizer o que mais nos agrada e o que nos provoca maior impacto? No mês passado, gostamos do anúncio do Bis, da agência Ogilvy & Mather. Ele nos traz a sedutora imagem do namoro, que é gostoso como o chocolate.

QUEM FEZ O QUÊ? Em pé, da esquerda para a direita: Guilherme Villaça, atendimento; Alyne Cunha, tráfego; Antonio Carlos, produção; Nanci Bonani, tráfego; Zuza Tupinambá, criação; Martan, criação; Andrea Tomovsky, atendimento; Marcello Venturelli, produção. Agachados: Celso Kagohara, mídia; Valéria Barone, atendimento; Carlos Castelo Branco, criação. Ausentes na foto: Luciane Matiello e Aluízio Periquito Neto, Lacta; João Marchise e Edson Shinohara, mídia Kraft.

Na *Revista da Criação*, edição de janeiro-março de 2000, pode-se notar referência à autoria dos anúncios, os profissionais diretamente ligados à criação e produção do anúncio, o nome do cliente, comprovando mais uma vez a autoria coletiva e, portanto, diluída.

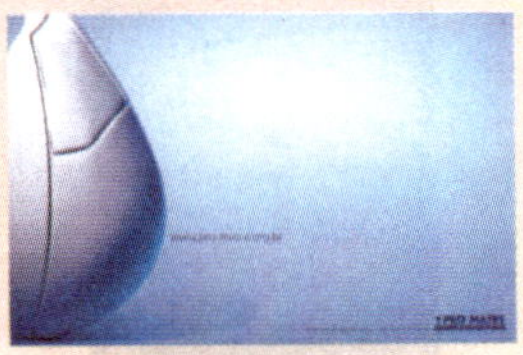

Anunciante: Pro Matre
Produto: Maternidade Beneficente
Título: Mouse
Agência: V&S
Diretor de Criação: Paulo Castro
Criação: Luis Claudio Salvestroni/Álvaro Rodrigues
Produção Gráfica: Alvaro Edir
Fotografia: Alexandre Salgado
Fotolito: PressTech

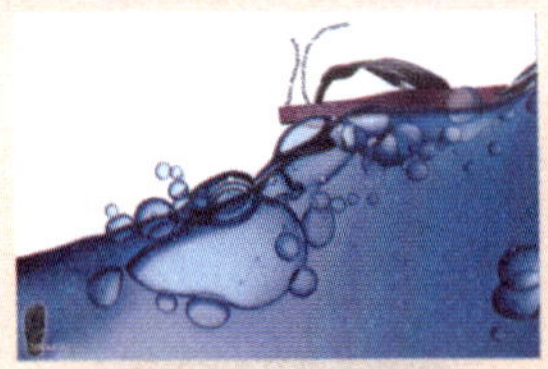

Anunciante: São Paulo Alpargatas
Produto: Havaianas Surf
Título: Mais admiradores secretos...
Agência: AlmapBBDO
Direção de Criação: Marcello Serpa/Eugênio Mohallem
Criação: Eugênio Mohallem/Marcello Serpa
Produção Gráfica: José Roberto Bezerra
Fotografia: Alexandre Catan
Fotolito: Burti

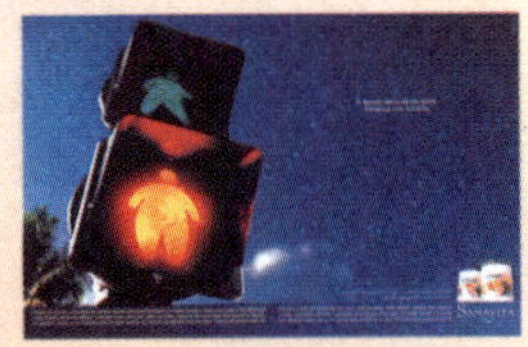

Anunciante: Sanavita
Produto: Complemento Alimentar
Título: Semáforo
Agência: F/Nazca S&S
Diretor de Criação: Fabio Fernandes
Criação: Victor Sant'Anna/Eduardo Martins
Produção Gráfica: Magda Mendonça/José Roberto Jeki
Fotografia: Fernando Zuffo/Ricardo De Vicq
Fotolito: Takano

O trabalho de criação na propaganda é em equipe. Esta procura a aprovação e a adequação de toda a amplitude de um processo de comunicação publicitária, considerada a ferramenta que objetiva uma movimentação do público em relação ao mercado consumidor. Sendo assim, a organização e a clareza dos documentos desse processo são fatores determinantes para que toda a equipe envolvida tenha documentos organizados, claros e compreendidos, condutores do próprio processo dos profissionais envolvidos de uma etapa da criação a outra, dentro de um processo que abriga uma equipe ampla e diversificada, tendo um final já predefinido pelo menos em questão de tempo.

Dentro das etapas nitidamente identificadas no processo de criação, deve-se lembrar que todas as anteriores, tais como: planejamento, verba e mídia, também passaram por uma aprovação e que a criação é mais uma etapa que o atendimento deve aprovar ainda com o cliente. É um trabalho que envolve a parceria dos publicitários entre si e do cliente, para juntos buscarem resultados, não esquecendo de que os altos investimentos numa campanha publicitária reforçam a responsabilidade e o rigor no cumprimento de prazos e agilidade em todo o processo. Essas características corroboram o processo de aprimorar e focar as informações do *briefing* de criação. Aqui é o documento que recebe aparas, é burilado, focado. O cliente parece perceber a agência como um parceiro ao sugerir novas idéias e estratégias, mas numa relação objetiva e direta, sem perda de tempo, pois a noção de escassez de tempo parece ser identificada nos relatos anteriores. Nesses documentos, o cliente é parte integrante do trabalho coletivo, é visto e reconhecido como um parceiro que também busca a agilidade do desenvolvimento do trabalho, reconhece que o tempo é fator importante no desenvolvimento da propaganda e está sempre pronto a acrescentar informações ou aprimorá-las para o texto de um melhor *briefing*.

Na seqüência, existem algumas referências extraídas de alguns *briefings* de criação analisados que reforçam a parceria com o cliente:

- "Na apresentação feita em Nova York, o Leonardo (o cliente) apresentou tanto a campanha como algumas ações promocionais..." (Audi A6, p. 2)
- "... o cliente pediu que não seja uma quantidade de roteiros como a da última vez (12). Três roteiros estão mais do que bom."(Kibon, p. 2)
- "... o cliente gostou muito, mas achou que estava faltando uma 'plataforma emocional' ao produto..."(Kibon, p. 2)

Esse momento pode ser classificado como um método imprescindível para um resultado satisfatório, cuja parceria cliente/agência é fundamental para um bom trabalho. A propaganda é uma atividade de alto investimento, envolve riscos e a criatividade, ousadia. Quando se cria uma campanha, o fato de o cliente tê-la aprovado coloca-o como co-autor, e essa co-autoria é fundamental para a criação: "As agências de propaganda andam criando com medo de errar ou de perder a conta. Elas acabam adotando essa postura porque a falta de parceria dos clientes desestimula a ousadia, e essa timidez leva à mesmice na criação", declara Ercílio Tranjan, citado em Marcondes e Galvão (1999. p. 27), sobre o resultado da agência que não tem a parceria do cliente.

Após receber o *briefing*, o criador publicitário na intimidade do processo trava diálogos inter e intrapessoais. No momento em que se busca discutir e encontrar um foco para o *briefing* de criação, temos no processo coletivo os diálogos interpessoais, e conforme se inicia o ato de criar, propriamente dito, seus diálogos intrapessoais entram em ação.

A demarcação de algumas linhas do *briefing* pode demonstrar que para o criador aquelas informações foram selecionadas, assim o artista parece estar se apropriando de uma informação relevante.

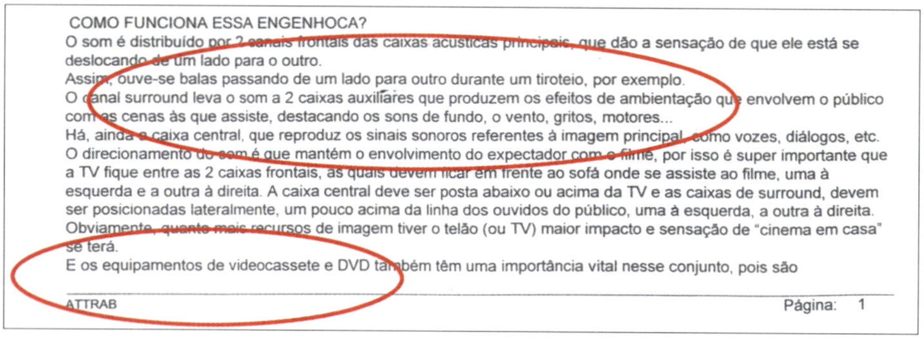

COMO FUNCIONA ESSA ENGENHOCA?
O som é distribuído por 2 canais frontais das caixas acústicas principais, que dão a sensação de que ele está se deslocando de um lado para o outro.
Assim, ouve-se balas passando de um lado para outro durante um tiroteio, por exemplo.
O canal surround leva o som a 2 caixas auxiliares que produzem os efeitos de ambientação que envolvem o público com as cenas às que assiste, destacando os sons de fundo, o vento, gritos, motores...
Há, ainda a caixa central, que reproduz os sinais sonoros referentes à imagem principal, como vozes, diálogos, etc.
O direcionamento do som é que mantém o envolvimento do expectador com o filme, por isso é super importante que a TV fique entre as 2 caixas frontais, as quais devem ficar em frente ao sofá onde se assiste ao filme, uma à esquerda e a outra à direita. A caixa central deve ser posta abaixo ou acima da TV e as caixas de surround, devem ser posicionadas lateralmente, um pouco acima da linha dos ouvidos do público, uma à esquerda, a outra à direita.
Obviamente, quanto mais recursos de imagem tiver o telão (ou TV) maior impacto e sensação de "cinema em casa" se terá.
E os equipamentos de videocassete e DVD também têm uma importância vital nesse conjunto, pois são

ATTRAB Página: 1

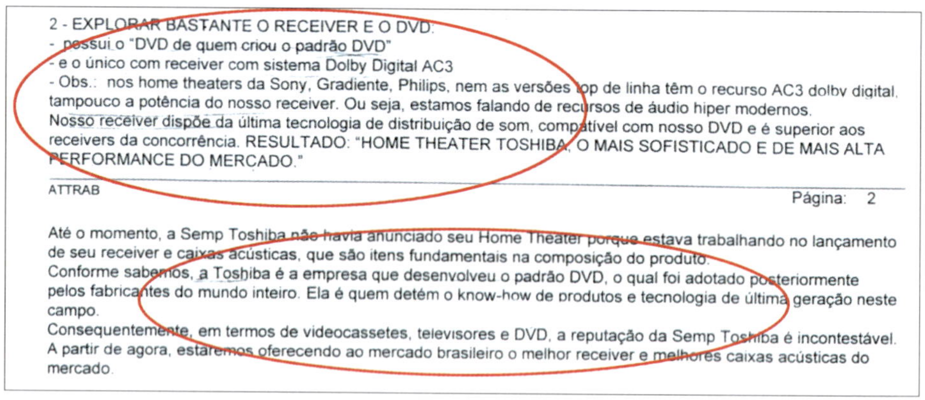

2 - EXPLORAR BASTANTE O RECEIVER E O DVD:
- possui o "DVD de quem criou o padrão DVD"
- e o único com receiver com sistema Dolby Digital AC3
- Obs.: nos home theaters da Sony, Gradiente, Philips, nem as versões top de linha têm o recurso AC3 dolby digital, tampouco a potência do nosso receiver. Ou seja, estamos falando de recursos de áudio hiper modernos.
Nosso receiver dispõe da última tecnologia de distribuição de som, compatível com nosso DVD e é superior aos receivers da concorrência. RESULTADO: "HOME THEATER TOSHIBA, O MAIS SOFISTICADO E DE MAIS ALTA PERFORMANCE DO MERCADO."

ATTRAB Página: 2

Até o momento, a Semp Toshiba não havia anunciado seu Home Theater porque estava trabalhando no lançamento de seu receiver e caixas acústicas, que são itens fundamentais na composição do produto.
Conforme sabemos, a Toshiba é a empresa que desenvolveu o padrão DVD, o qual foi adotado posteriormente pelos fabricantes do mundo inteiro. Ela é quem detém o know-how de produtos e tecnologia de última geração neste campo.
Consequentemente, em termos de videocassetes, televisores e DVD, a reputação da Semp Toshiba é incontestável.
A partir de agora, estaremos oferecendo ao mercado brasileiro o melhor receiver e melhores caixas acústicas do mercado.

Provavelmente, o publicitário está em um momento de armazenamento de informações para poder utilizá-las de outra forma em outro momento.

Quando o trabalho analisa a criação do texto publicitário, muitas marcações do criador no texto do *briefing* são utilizadas e comparadas na construção textual da mensagem, como é demonstrado adiante.

DECISIVOS mesmo são a experiência pessoal do criador, seu repertório vivencial e cultural. É isso que permite estabelecer pontes entre coisas que não têm nenhuma ligação direta e se chegar aos grandes achados da propaganda: o repertório do criador é mais importante que todas essas ferramentas. Sem ele, a criação se tornaria uma operação técnica. As ferramentas são um ponto de partida, às quais vai se somar o que o criativo tem a dizer. (CARLOS SILVÉRIO citado por MARCONDES e GALVÃO, 1999, p. 30).

Pode-se lembrar aqui do processo de criação e da associação de idéias, fatores imprescindíveis para a criatividade. Quanto maior o repertório do criador, maior a quantidade de opções criativas e, assim, a possibilidade de inovar sempre e impactar a mensagem. "Revolucionária é a forma, e a forma está nas mãos da criação", é o que afirma Lewkowicz sobre o fundamental para a propaganda criativa, citado por Marcondes e Galvão (1999, p. 30).

Ao repertório, somando-se como informação, referência e pesquisa para o departamento de criação, temos o material publicitário dos produtos concorrentes — campanhas, anúncios e outras produções, também presentes como documentos do processo de criação, tratam-se de referências dos concorrentes. O que focaram, como criaram e quais os resultados. Todos os *briefings* de criação analisados são acompanhados.

No último parágrafo do *briefing* de criação dos perfumes Natura, há o envio de anúncios anexos de produtos concorrentes — produtos internacionais similares — que atuam no segmento de mercado de perfumes no qual a empresa Natura está buscando maior participação.

Na última página do *briefing* de criação da Talent, encontramos: "P.S. — Seguirão anexas lâminas com *features* dos produtos e referências de propaganda e apelos usados pela concorrência".

Os anúncios chegam ao criador como uma forma de pesquisa, o artista vê o material produzido para o produto e agência concorrentes. Ele sabe que o anúncio impresso do produto concorrente procurou comunicarse com o mesmo público dentro do mesmo caminho psicológico que faz com que o consumidor opte por esse tipo de produto. Sendo assim, essas referências apresentam uma forma de testar a mensagem criativa de outro criador para o mesmo tipo de produto e público. Seguem as referências utilizadas na campanha dos perfumes Natura.

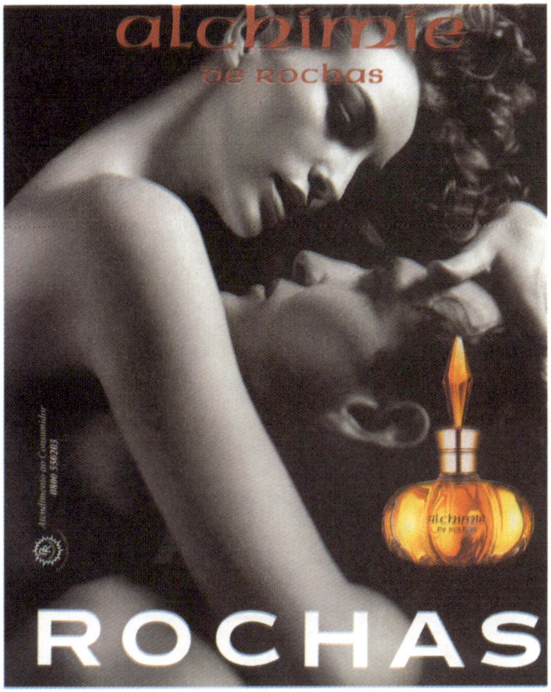
alchimie
de Rochas
ROCHAS
Atendimento ao Consumidor

BOSS
HUGO BOSS
BOSS, BOTTLED
THE NEW FRAGRANCE FROM HUGO BOSS.
Atendimento ao Consumidor

TIFFANY
Tiffany with your eyes closed
Atendimento ao Consumidor

INNOVATE
don't imitate
HUGO
Atendimento ao Consumidor

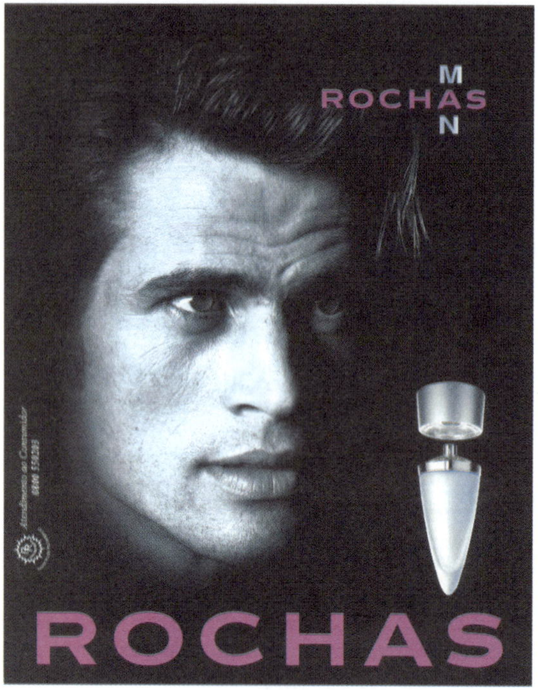

Outra característica presente nos *briefings* de criação analisados é a grande quantidade de termos de origem inglesa. A utilização dessa terminologia confere à atividade certo *glamour* e sedução. Esse excesso agrega à propaganda valores mais particulares, criando assim uma codificação própria com termos extremamente específicos e não facilmente compreendidos pela maioria das pessoas. No *briefing* da campanha da Natura, por exemplo, temos: *portfolio, awarness, mass-market, design, stills, fine-fragrances* e *expertise*. Algumas definem elementos de marketing, comunicação e mercado — *awarness, expertise* e *mass-market*; outras, o estilo fotográfico — *stills*. No *briefing* da Kibon, encontramos: *fresh cook walker*, *fun*, *snack*.

A influência do marketing e da propaganda americanas torna-se clara no Brasil, até porque muitas das atividades do setor originaram-se nos Estados Unidos e até hoje alguns trabalhos e materiais empregados por lá são também utilizados por aqui, tais como: *briefing, overlays, layouts, recall, share of mind, share of market, take one, folder, back light, outdoor, cases, banner, brainstorming, bottom, broadside, budget, bureau, bold, italic, black, light, checklist, day-after-recall, free-lancers, house agency, house organ, jingle, spot, mailing, sampling, obler*, entre outros.

Dentre todas as análises sobre o documento *briefing* de criação, é possível concluir sua vital importância no processo da criação na propaganda. A característica da criação coletiva é evidente e pode-se identificar esse documento como peça facilitadora e ferramenta para focar a propaganda que deverá ser criada.

Chiesa, citado por Marcondes e Galvão (1999, p. 30), compara a realização publicitária com uma equipe de Fórmula 1:

... em que existem os mecânicos, os engenheiros e o piloto. Se um mecânico menos graduado não aperta o parafuso da roda, o carro se arrebenta no muro. Todo o trabalho se perde, ou seja, o mecânico nem aparece nas fotos, mas nem por isso seu trabalho é menos importante. Em propaganda, raciocina ele, também o trabalho em equipe é vital para que a campanha não termine se esborrachando no guard-rail. Lembra ainda que planejamento e criação são faces de uma mesma moeda. Quanto melhor a estratégia, mais eficaz a campanha. Em outras palavras: sacadinhas criativas podem até funcionar, mas tendem a ser menos eficazes do que campanhas que têm por trás uma idéia e um objetivo claramente definidos. O que ocorre é que, quando não existe um planejamento, ou este não é eficiente, a criação tem de resolver o problema sozinha. Acaba fazendo o papel do piloto que compensa no braço as deficiências do carro. Sempre que o planejador passar a bola açucarada para o criativo, teremos mais chance de gol de placa do que se cada um jogar para si.

DIÁLOGOS

capítulo

QUATRO

INTERNOS DA CRIAÇÃO

Diálogos Internos da Criação

O criador — ou departamento de criação — busca agora desenvolver o pensamento da criação baseado no *briefing*.

Até este momento, percebe-se que o processo criativo se inicia no próprio *briefing* de criação. A partir dele, há uma busca pelo criador ou pela equipe da agência que se considera constante e desafiante. Todas as informações levantadas estão neste momento no departamento de criação para que o ato de criar passe a receber formas de expressão, e a mensagem seja levada para o papel. Todas as informações buscam a expressão na forma de linguagem, e pode-se considerar ser o momento mais discutido e abordado pelos profissionais e pelo ensino no setor.

Antes dos *rafs* e *layouts* iniciais (que são abordados na seqüência), o departamento de criação procura a expressão de toda a documentação já analisada. Neste momento, não há documento do processo para desenvolver uma análise mais profunda. Sendo assim, utilizamos algumas declarações de profissionais sobre o que acontece.

Matos (1991, p. 22), em entrevista, declara:

> *A minha fórmula é um processo de absorção de tudo que está à minha volta. Procuro me informar o máximo possível e, em seguida, fico aberto para recepção das minhas próprias mensagens. Porque tudo se mescla com as minhas vivências pessoais: toda aquela informação que temos sobre o produto ou serviços, sobre os objetivos, flutue um pouco para que, da maneira mais livre possível, se misture — sob forma das mais variadas combinações.*

Vieira (1999, p. 18) escreve sobre o assunto:

> *O outro tipo de dado com que você vai trabalhar são as informações acumuladas ao longo da vida — leituras, filmes, debates, observações, vivências e milhões de outras — que vão permitir as diversas associações entre os propósitos racionais do briefing e as possibilidades emocionais da mensagem publicitária. É isso que vai fazer a diferença. Os anunciantes procuram as agências criativas porque sabem que precisam provocar algum tipo de emoção para atrair a atenção das pessoas para sua mensagem. Não existe fórmula para ser criativo. Em publicidade e fora dela. Na verdade, o que deve existir é uma atitude aberta à informação, o estímulo à sensibilidade, o cultivo da oportunidade de reflexão.*

Há uma busca considerada constante e desafiante.

Ele continua (Vieira, 1999, p. 43):

> *... A INFORMAÇÃO do briefing, ela é apenas a ponta de um dos fios. A outra ponta é a do fio pelo qual passam as informações "gerais" que acumulamos graças a nossa curiosidade, nosso interesse pelo que acontece ... você se enche de informações, apaixona-se por elas, recebe um desafio, apaixona-se por ele, faz a pergunta certa e pronto, fecha-se o circuito criativo. Parece fácil? É tão fácil e tão difícil quanto apaixonar-se verdadeiramente.*

Nessas declarações, os publicitários buscam informações que podemos considerar como parte da semiose que mescla ou inter-relaciona informações, produto, público, vivências, etc.

Conforme Matos (1991, p. 92-93):

> *ESSA BUSCA pelo criativo parece ser incansável, intensa. Quanto mais nos exercitamos, melhor criamos. Não conheço outra maneira de produzir, a não ser produzindo. E acredito que os grandes criadores do Brasil são os profissionais que mais produzem. Dentro de um processo que é meio etéreo, mas que tem de ser finalizado como algo extremamente prático e objetivo. E não há outra maneira de se conseguir isso, a não ser através de um exercício constante de trabalho. É importante repetir que o que determina os grandes profissionais de criação é exatamente a capacidade de trabalho. Para tirar a falsa ilusão de alguns redatores e diretores de arte iniciantes que acham que a nossa profissão é só charme, basta ter uma grande idéia e pronto. Eles não sabem que para chegar a isso é preciso trabalhar — e muito. Para a idéia existir realmente, atravessa-se um árduo e longo processo que envolve muitas pessoas e muito trabalho. Resumindo: já criei uma campanha inteira em meia hora e já levei 30 dias para criar um só anúncio. Nos dois casos, trabalhando muito.*

Washington Olivetto (1991, p. 92-93) declara:

> *O QUE ACONTECE é o seguinte: eu sempre faço. Há dias que faço melhor, outros em que faço pior. Parto sempre do princípio de que esse é o meu trabalho. Não me dou o direito de estar ou não inspirado. Procuro ser totalmente profissional.*

Vieira declara: "O criativo (publicitário) é um trabalhador intelectual incansável. E isso não se traduz em sacrifício nenhum" (1999, p. 25).

Conforme Salles, podemos notar claramente que o criador em propaganda trabalha incansável e completamente envolvido: "A construção da criação acontece, portanto, na continuidade em um ambiente de total envolvimento" (1998, p. 32).

Algumas declarações de publicitários abordam também o *insight* criativo, conforme Matos: "Também é preciso estar aberto ao *insight* — algo que não identificamos bem, mas que é uma força que existe, um talento que se manifesta... Porque o trabalho da criação também se manifesta através de *insights*. Há momentos em que se está no banheiro e vem um estalo. Comigo acontece muito isso, tenho muitas idéias fora da agência" (1991, p. 92-93).

Duailibi e Simonsen definem o *insight* como o momento em que "estoura" a idéia: "a súbita compreensão das relações entre meios e fins, é o término daquela forte angústia que o indivíduo vinha sentindo" (1999, p. 28).

É importante retirar da palavra *insight* certo sentido mágico ou quaisquer formas de superstição, isto porque não há um esforço "consciente" para se chegar ao *insight*. Ele é a resposta criativa que o publicitário busca.

Duailibi e Simonsen continuam: "...embora surja de repente, aparentemente sem esforço físico nem grande esforço mental, a iluminação (*insight*) é, na verdade, o resultado de períodos terrivelmente laboriosos de preparação".

A preparação como o envolvimento do criador para solucionar seu *briefing* e continuam:

> *... A PREPARAÇÃO é direta quando acumulamos informações pertinentes ao problema que deve ser resolvido. Isto é, quando buscamos somente informações que contribuam para uma possível solução.*
>
> *... A PREPARAÇÃO indireta pode, eventualmente, ser inconsciente: quando a pessoa está engajada na solução de algum problema e, uma vez esgotadas todas as informações pertinentes ao seu alcance, começa a buscar outras possíveis informações. Mas a solução não vem, ou parece longínqua. Ou se vier, é insatisfatória. A pessoa, conscientemente determinada a encontrar uma boa solução, sente uma necessidade premente de ler, ver e sentir coisas aparentemente divorciadas, não apenas entre si, mas também daquele objetivo inicial ...*
>
> *NÃO CONSEGUE, porém, deixar de continuar recebendo informações: visita pessoas, vai a cinemas, lê desesperadamente, consulta estatísticas que possivelmente nada têm a ver com o problema, iniciando um processo de acumulação de dados. Essa alimentação se faz de maneira caótica ou irregular na acumulação indireta* (DUAILIBI e SIMONSEN, 1999, p. 25).

Para Silvério (citado por MARCONDES e GALVÃO, 1999, p. 30), a chamada preparação é a boa informação do *briefing* e o repertório do criador, a chamada preparação indireta:

Decisivos mesmo são a experiência pessoal do criador, seu repertório vivencial e cultural. É isso que permite estabelecer pontes entre coisas que não têm nenhuma ligação direta e se chegar aos grandes achados da propaganda. O repertório do criador é mais importante que todas essas ferramentas (referindo-se aqui ao briefing, à pesquisa, etc.). Sem ele, a criação se tornaria uma operação técnica e nós sabemos que não pode ser assim. As ferramentas são um ponto de partida, às quais vai se somar o que o criativo tem a dizer.

Esta associação é o fato de inter-relacionar coisas novas (associação de idéias). Podemos, no texto a seguir, demonstrar o que Vieira (1999, p. 68) afirma a respeito: "... o processo criativo é um trabalho coordenado de consciente e inconsciente, usa o consciente para se envolver com o problema, para se alimentar de informação, para compreender seus objetivos e se apaixonar por essa compreensão. Então dá um tempo para o processo de fermentação da informação".

Refere-se Vieira (1999, p. 68) à fermentação:

... Na verdade, enquanto você estiver distraído em outra atividade, o inter-relacionamento entre seu consciente e seu inconsciente vai continuar. Vai aos arquivos da mente pesquisar, analisar, combinar, resgatar informações e combinar os dados que estão sendo procurados ...

... Os dados do consciente mergulham no inconsciente, no meio de bilhões de dados em busca de informações que correspondam à sua busca. Localizados os dados correlatos, a mente começa a compor o terceiro elemento, ou seja, a configuração gerada pela combinação dos dados novos com os antigos, como resposta a uma ordem objetiva de solução criativa, dada pelo consciente, desde o momento em que você começou a estudar o problema.

Outro tema que é abordado em criação em propaganda é o fator inspiração. Temos como definição de inspiração: "Qualquer estímulo ao pensamento ou

Que tal responsabilidade e risco dividindo o mesmo espaço?

à atividade criadora" (FERREIRA, 1988, p. 64). A respeito do assunto, Vieira (1999, p. 26) explica:

> *QUANDO VOCÊ compra a idéia, envolve-se com ela na plenitude de seus sentimentos, cinco horas passam muito rápido. Por um motivo muito simples: você está inspirado. E o que é a inspiração? É a sensibilidade excitada.*
>
> *COMO ACONTECE de você chorar? As emoções vão se acumulando, acumulando, até que você não aguenta mais, ou seja, sua sensibilidade é provocada, excitada até explodir. Digamos que, no caso da criação publicitária, o envolvimento com o briefing de criação é o motivo que faz transbordar nossa sensibilidade em um choro chamado expressão criativa. Porque você não se inspira diante de um desafio simplesmente porque ele, teoricamente, é inspirador.*

Temos de considerar que os fatos que envolvem e inspiram o publicitário sejam aspectos que fazem com que o criador abrace o desafio. Vieira (1999, p. 26) continua:

> *... O PUBLICITÁRIO sabe que todo criativo é pago para maximizar o investimento em publicidade ou estabelecer a melhor relação custo/benefício para seus clientes. Aliás, é este, exatamente, o conceito que as agências criativas vendem: um anúncio criativo é sempre mais barato que um anúncio convencional, embora essa avaliação não se expresse em números absolutos. Entre a lógica do correto e a lógica do risco, o criativo sempre recomenda a segunda. Que tal responsabilidade e risco dividindo o mesmo espaço? Essa aparente contradição é o grande tesão do criativo. Ser pago para correr riscos... desde que acerte.*

Há também uma declaração de Olivetto (1991, p. 38) a respeito de não trabalhar com a inspiração, mas se nota que ele é um criador publicitário extremamente motivado pelo engajamento na sua profissão, essa inspiração então se encontra implícita:

Sempre tive a certeza de que queria escrever para todas as mídias — e não especificamente para uma só. Como, somado a isso, sempre tive um fascínio pelo negócio de vendas, a propaganda veio atender essas duas paixões. Talvez eu seja um dos publicitários em atividade no mundo que mais gosta de ser publicitário. Sempre quis fazer propaganda. Não trabalho com o dado inspiração.

Com base nesses breves relatos do pensamento criativo na publicidade, os *rafs* surgidos como documentos do processo de criação são abordados. Cada agência utilizou *rafs* de formas diferenciadas e passamos no próximo capítulo para suas respectivas análises.

*E aí vem o momento essencial, o momento mais prático, que é o de colocar no papel (*MATOS, 1991, p. 93*).*

CAMPANHA NATURA

capítulo

CINCO

RAFS, *LAYOUTS* E FINALIZAÇÕES

Campanha Natura

Rafs, *layouts* e finalizações

Após a análise do *briefing* de criação da campanha, verificamos e analisamos a existência do primeiro esboço/*raf* realizado pelo diretor de criação da Agência Guimarães, Ricardo Lordez.

A definição do termo *raf* mais próxima da realidade da propaganda foi retirada do *Glossário de termos e verbetes utilizados em design gráfico* — *ADG* (1998, p. 96): "Palavra do inglês. Pronuncia-se rafe. Primeiros rascunhos feitos por designer ou diretor de arte na criação de um anúncio publicitário. Primeira fase de estudos, antes do *layout* e da arte-final. Esboço inicial no planejamento gráfico de qualquer trabalho a ser impresso".

O documento foi desenvolvido em uma folha de sulfite formato A4 e apresenta como esboço alguns desenhos e indicações em forma de texto. Trata-se do *raf* de uma figura humana, trazendo o texto: "olhos fechados, respirando fundo" e indicando também as iniciais "PB" — que significam preto e branco. Na lateral inferior direita existe uma embalagem do produto com indicação do termo "cor", com algumas linhas que se referem ao seguinte texto:

"Inspire (o conceito)

Inspire o inverno (Lua)

Inspire seu sexto sentido (Intuição)

Etc."

Esse esboço significa que a palavra "Inspire" ligará o conceito de cada produto que faz parte da linha de perfumes. Respectivamente temos "o inverno" como conceito do perfume chamado Lua e "seu sexto sentido" como conceito do perfume chamado Intuição.

O esboço pode ser visualizado a seguir:

Perfumaria 2

Inspire Conceito!

Inspire o inverno (Lua)
" seu sexto sentido (Intuição)
Etc.

Buscando no *briefing* de criação correlações de significações com essa nova etapa da criação, podemos perceber que o *briefing* define: "... agora é preciso criar um conceito único para a comunicação da Perfumaria Natura, que sirva como guarda-chuva para todos os produtos e também consiga explicitar o conceito de cada um deles individualmente. De preferência incorporando pessoas..."; e a colocação no esboço do termo "Inspire (o conceito)" de cada produto é um conceito único que pode abranger todos os produtos, exatamente como o *briefing* define. Um conceito único que abranja e integre todos os outros conceitos.

Na questão visual, o esboço indica a foto de uma pessoa em preto e branco abrangendo a área total do anúncio e, na lateral direita, a imagem colorida do perfume.

O *briefing* define: "... somatória dos anúncios agregue valor à marca e traga sofisticação e unicidade à Perfumaria". Para conseguir efeitos visuais de sofisticação em imagens, a predominância da cor preta é uma constante. Sendo assim, é uma característica adotada nessa criação.

Além dessas informações, os anúncios de perfumarias internacionais anexados ao *briefing* — "Estamos enviando em anexo referências de anúncios de perfumaria internacional para conhecimento. Estes seriam os concorrentes da Natura..." — servem de exemplo de como os principais concorrentes conversam e convencem o mesmo público-alvo com o qual a Natura briga por maior número de mercado. O público que recebe os anúncios dos concorrentes diretos, e consome seus respectivos produtos, deverá adquirir e consumir também os produtos Natura. Essas referências são fontes importantíssimas de análises sobre a criação já realizada pelos concorrentes e, assim, nota-se qual caminho foi trilhado para trabalhar a propaganda com esse mesmo tipo de produto e público. É como se fossem um teste do efeito do produto concorrente com o público, material de grande análise para a criação. Eles servem de análise e de direcionamento também. Como a criação busca maior ousadia ou impacto criativo em relação às campanhas concorrentes, temos um patamar no qual a agência deve se superar em termos de criação. Nas referências dos anúncios dos produtos concorrentes, o criador está fugindo do que já existe, assim, terá a seu favor caminhos criativos já utilizados que podem perder o efeito de surpreender como tanto se busca na área da propaganda.

Analisando os anúncios dos concorrentes, temos a predominância da utilização de fotos preto e branco, ocupando a maioria da área total do anúncio, e o perfume está presente no anúncio de forma colorida, pontos esses também adotados pela criação dos anúncios dos perfumes Natura. Os produtos femininos apresentam imagens femininas, e os masculinos, imagens masculinas. Caminho idêntico também foi trilhado pelos anúncios Natura. Pode-se concluir que essas "referências" serviram de fonte de análise e definição

O LAYOUT busca a visualização e interpretação de um projeto.

de um caminho visual gráfico para o produto. Ao adotar o mesmo *design* de criação gráfica para a Natura, esta provavelmente estaria se comparando ao mesmo *design* de criação gráfica dos perfumes importados — seus principais concorrentes.

No *briefing*, é evidente que os produtos nacionais não são os concorrentes diretos dos produtos Natura. Em razão disso, o foco da análise refere-se às campanhas de produtos internacionais: "... já que as demais empresas de perfumaria nacionais não são expressivas nas *fine fragrances*, à exceção de alguns produtos do Boticário que vêm sendo lançados recentemente, embora de forma mais *mass-market*".

Outra informação do *briefing* que define uma criação mais flexível em termos de estrutura de comunicação é: "... esta linguagem a ser desenvolvida deve perdurar por no mínimo todo o ano de 99, ser aplicável a perfumes masculinos ou femininos, produtos já existentes ou que estarão sendo lançados". A informação define a criação de forma que possibilite muitas adaptações para conceitos os mais variados e imagens de produtos para públicos diferentes. A criação passa a trabalhar elementos que possibilitem a versatilidade nas opções de imagem, *slogan* ou assinatura e foto do produto. Temos assim uma total adequação de definição de *briefing* e ação de criação. Pode-se notar nos *layouts* que a criação do anúncio permite a modificação da imagem fotográfica (sempre de olhos fechados, inspirando), da embalagem e do final do conceito: "Inspire o ___". Características versáteis apresentadas pelo *raf* e *layout* definidos pelo *briefing* de criação.

Na mesma seqüência, há os primeiros *layouts* que foram produzidos partindo do *raf*. Esses *layouts* já são a materialização do *raf* de forma que buscam transmitir o mais exatamente possível qual será a forma final da criação. A definição da palavra *layout* mais próxima da realidade da propaganda foi retirada do *Glossário de termos e verbetes utilizados em design gráfico* — ADG (1998, p. 67): "Peça produzida artesanalmente, busca a visualização e interpretação de um projeto. Instrumento de depuração do próprio projeto, quando destinado ao cliente deve simular, da melhor forma possível, o produto final". Podemos considerar que, até o ano de 1995, os chamados *layoutmans* produziam os *layouts* à mão, desenhando tipologias e fotos por intermédio de técnicas de desenhos rápidos e bem finalizados, mas, com as novas tecnologias da informática, o *layout* que era produzido, em sua maioria, artesanalmente, passou hoje a ser feito com a ajuda de avançados *softwares* gráficos e de computação.

Na seqüência, aparecem os *layouts* que foram encaminhados ao cliente para análise e aprovação. Ressaltamos que ao comparar o *layout* e a peça final, ele se apresenta quase que exatamente como é o anúncio final e também a localização do anúncio na revista a ser veiculada — ao lado do expediente da publicação, como se pode perceber (e como também o *briefing* de criação já havia definido).

Na análise dos *layouts* em relação ao *raf*, temos exatamente a mesma disposição que foi apresentada. Uma imagem em *close* de uma figura humana que ocupa a área total do anúncio e com a embalagem em foto colorida na base inferior direita. Adota-se uma tipologia *light* (fina), sem serifa, que transmite e reforça a característica de elegância e sofisticação solicitada pelo *briefing* de criação. Entre a embalagem e a frase, há um filete vertical da altura da embalagem que reforça a elegância e sutileza do *design* gráfico na página.

Assim, temos três *layouts* apresentados simulando a localização na revista e também três produtos da linha de perfumes *fine fragrances* com seus respectivos conceitos. As três imagens utilizadas seguem a orientação do *raf*: "figuras de pessoas com olhos fechados, respirando fundo".

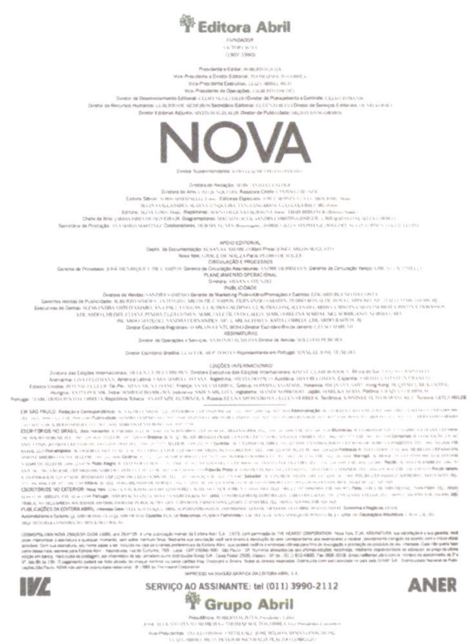
Editora Abril
NOVA
IVC
SERVIÇO AO ASSINANTE: tel (011) 3990-2112
ANER
Grupo Abril

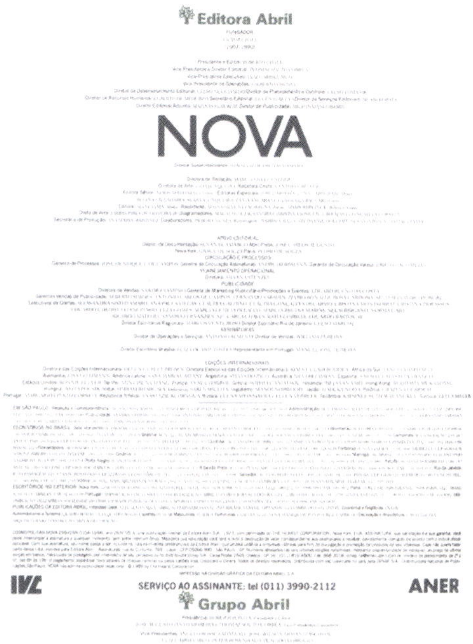
Editora Abril
NOVA
IVC
SERVIÇO AO ASSINANTE: tel (011) 3990-2112
ANER
Grupo Abril

natura
Inspire o inverno.

Editora Abril
NOVA
IVC
SERVIÇO AO ASSINANTE: tel (011) 3990-2112
ANER
Grupo Abril

natura
Inspire a relação.

Em termos de elementos, o único acréscimo que temos do *raf* para o *layout* é o filete ao lado da embalagem e a frase na lateral esquerda, colocada de forma vertical: "A Consultora Natura vai até você: 0800-115566. Ligue grátis. `www.natura.com.br`".

Dessa passagem do *raf* para o *layout,* existiu uma procura pelas imagens que o *raf* já predeterminava. As fotos das pessoas utilizadas no *layout* do anúncio são de banco de dados ou catálogos fotográficos, especialmente desenvolvidos para vender imagens para que os diretores de arte e criação possam ter a opção de locá-las, em vez de realizar uma produção fotográfica. Na utilização de uma imagem em *layout,* a função é assemelhar-se ao máximo com o que seria a foto na produção do anúncio final. A imagem busca transmitir ao cliente a realidade da foto que deverá ser produzida e qual será seu efeito sobre a criação.

Analisando também o anúncio final, há um elemento presente que não aparece no *layout.* Abaixo de cada foto, na lateral esquerda, existe a indicação do nome da pessoa da foto, sua idade e profissão: "Fátima Toledo, 31, economista; Mônica Larsson, 21, estudante de arquitetura". Ao analisarmos os anúncios dos concorrentes, encontramos no perfume Allure a indicação na parte inferior esquerda do anúncio: "Empresário, New York/Los Angeles" referindo-se ao modelo da foto. Essa informação é solicitada no *briefing* de criação da seguinte forma: "De preferência incorporando pessoas, já que a comunicação da Natura tem se baseado no uso de consumidores verdadeiros, expressando atitudes e comportamentos em concordância com as crenças da empresa, ficando os produtos em segundo plano". Sendo assim, parece que a forma para personalizar levemente o modelo da foto do anúncio Allure foi utilizada para personalizar a modelo da foto do anúncio Natura. No anúncio, aparecem o nome da modelo, sua idade e profissão, buscando torná-la um pouco mais conhecida do público que lê o anúncio para caracterizar aquele que usa o perfume.

Analisando as imagens dos *layouts* e os anúncios finais, encontramos nos *layouts* duas imagens com enquadramentos diferentes. Uma mulher em superclose e outra em *close-up*, ambas de olhos fechados com a idéia de inspiração. Nos anúncios finais, há um mesmo posicionamento da imagem — todos estão em *close-up* e o foco das imagens está prioritariamente nos narizes das modelos e a posição das modelos transmite a sensação de que estão sentindo o perfume que está colocado logo abaixo, à direita de suas narinas. Há aqui imagens diferentes, de tonalidades distintas e pessoas diferentes, mas

integradas pelas mesmas características de enquadramento, posição e foco. Aqui a idéia de integração da linguagem do anúncio solicitada pelo *briefing* de criação também se faz presente no que podemos chamar de linguagem visual. A posição dos elementos visuais e gráficos encontra-se sempre no mesmo local da página, reforçando a idéia de integração: título, imagem, logomarca da empresa, foto do produto, filete vertical, nome do modelo, ligue-grátis, endereço da Internet. Estão todos sempre localizados no mesmo local em todas as criações, reforçando a idéia de integração da linguagem solicitada pelo *briefing*. Aqui a linguagem visual gráfica exerce um papel importante na integração desse objetivo. O público leitor identifica a campanha também pelos elementos posicionados no anúncio, atendendo, mais uma vez, o *briefing* de criação.

CAMPANHA
ANER

capítulo

SEIS

RAFS, *LAYOUTS* E FINALIZAÇÃO

Campanha ANER
Rafs, layouts e finalização

Produzida para revistas, não se tem o documento *briefing* de criação, mas temos três fases do processo de criação. Os *rafs*, os *layouts* e os anúncios finais.

Quando o autor da campanha foi questionado a respeito da utilização do esboço manual ou *raf* antes de ir para o computador, Luiz Sanches, diretor de arte da AlmapBBDO, declarou que estava pensando ou *rafeando* para a campanha do automóvel Audi A6 e desenvolveu um *raf* bem próximo do exemplo abaixo:

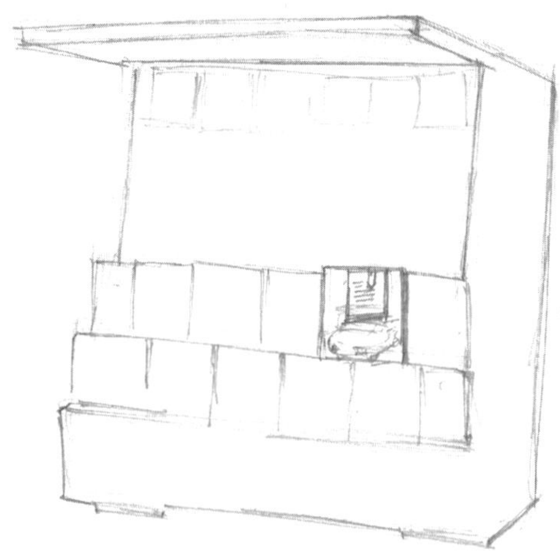

O *raf* em análise mostra uma revista numa banca de jornais. Na revista, está a foto de um Audi A6 e, anexada, uma multa de alta velocidade.

A questão abordada aqui é que o produto na revista seria um simulacro do produto real. A imagem do produto na revista é o próprio produto. Nesse momento, o diretor de arte lembra-se da campanha da Associação Nacional de Editores de Revista — ANER e passa a desenvolver *rafs* de imagens de produtos em revistas simulando essas situações. A imagem do produto na revista é o produto real.

Seguem alguns *rafs* desenvolvidos:

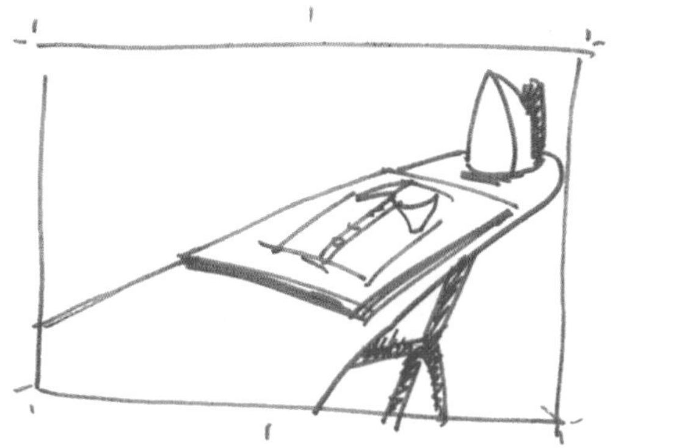

Em comparação a esses *rafs*, tem-se a continuidade e produção do *layout*, que passa a concretizar esses esboços. A surpresa é que de quatro *rafs* desenvolvidos, surgiram 13 *layouts* com o mesmo conceito de criação. Parece que nesse momento a viabilidade e o resultado do esboço passam a testar o efeito final em termos de resultado criativo, de qualidade da imagem e do conceito a ser transmitido. Tudo isso é verificado no esboço digital.

Temos o *raf* do anúncio de queijo:

... e seu respectivo *layout*.

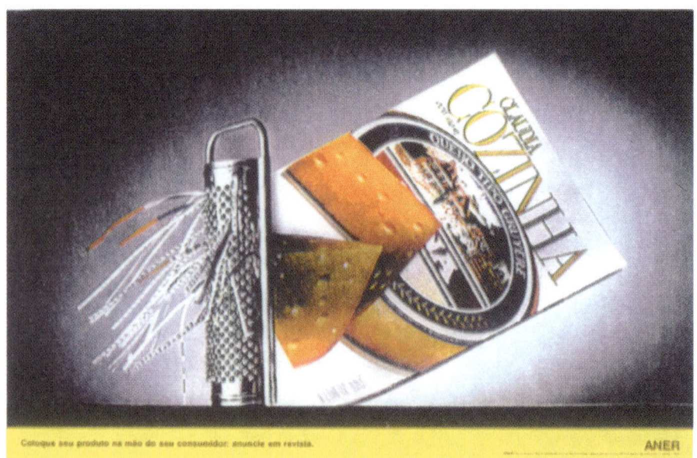

Temos o *raf* do anúncio da camisa e seu respectivo *layout*.

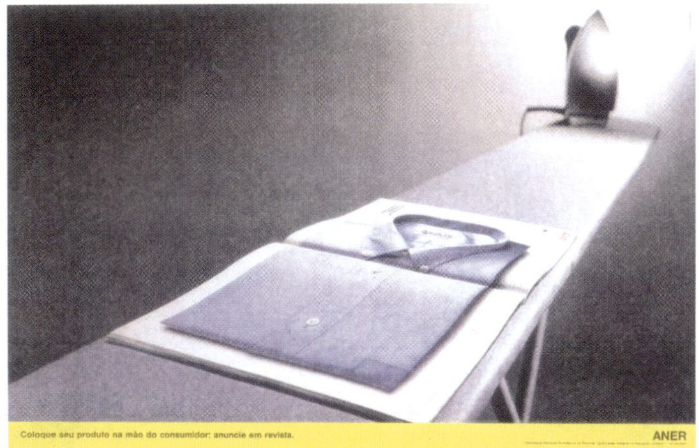

Temos o *raf* do anúncio da máquina de refrigerante e seu respectivo *layout*.

Temos o *raf* do anúncio das roupas e seu respectivo *layout*.

Além desses *layouts*, temos também: a revista simulando uma cadeira.

As revistas enroladas dentro de um balde de gelo.

Uma pilha de revistas como se fosse uma geladeira.

Uma geladeira aberta com revistas que possuem imagens de produtos internamente.

Uma visão de uma tampa de máquina de lavar roupas com uma revista sendo lavada (e na revista uma imagem de roupas).

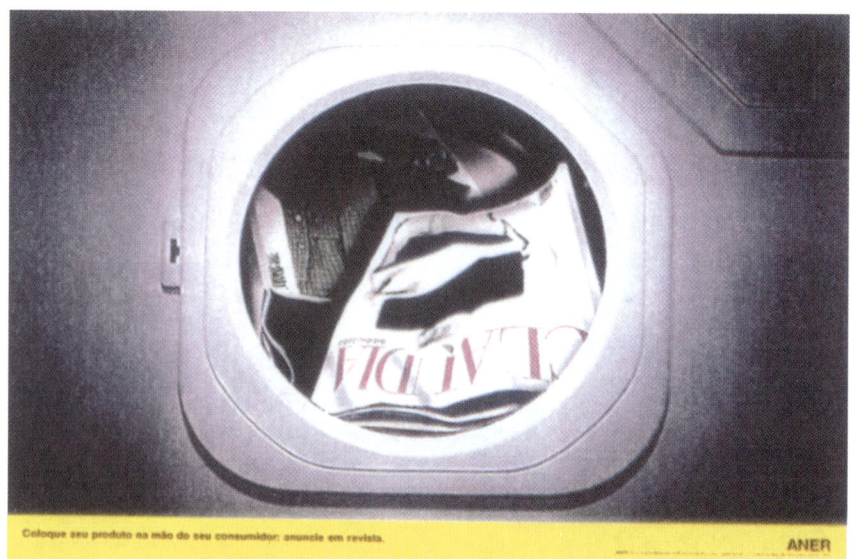

Revistas enroladas com imagens de garrafas de cerveja dentro de um engradado.

Uma revista enrolada e cortada em fatias como se fosse um salame.

Duas revistas com imagens de um par de tênis numa caixa.

Verificando o título dos *layouts* temos o que foi encontrado inicialmente neste caminho da criação pela imagem: "Coloque seu produto na mão do consumidor: anuncie em revista".

As imagens foram criadas com a caracterização de que a revista é o produto. O título reforça o que está sendo proposto e aparece nos documentos posteriores aos *rafs*.

Ao analisar os *rafs*, os *layouts* e também os anúncios finais, podemos concluir que os *layouts* nesse momento foram produzidos como checagem de uma qualidade em termos da viabilidade do tema encontrado para a campanha. Muitas idéias foram descartadas nos *layouts* e outras permaneceram. Foram finalizadas oito idéias das 13 apresentadas em *layout*. O *design* gráfico da criação da página sempre permaneceu, a imagem do anúncio passou por uma prévia análise e o *layout* então apresentou o papel de descartar ou aprovar as opções de imagens apresentadas.

Seguem os anúncios aprovados e finalizados:

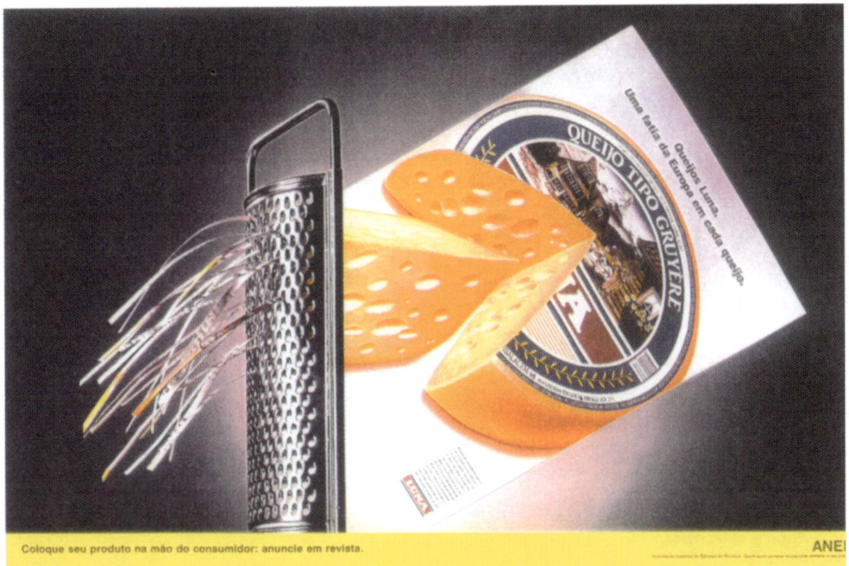
Queijos Luna.
Uma fatia da Europa em cada queijo.
QUEIJO TIPO GRUYÈRE
Coloque seu produto na mão do consumidor: anuncie em revista.
ANE

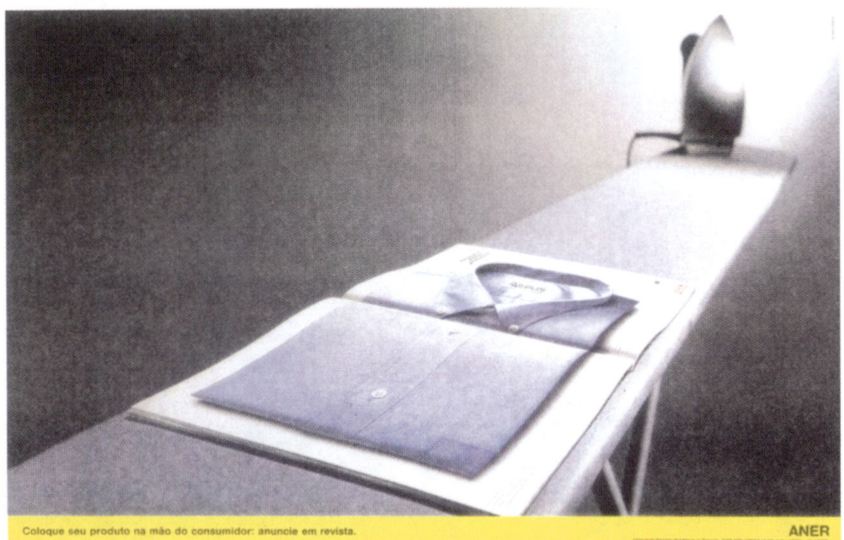
Coloque seu produto na mão do consumidor: anuncie em revista.
ANER

DIET
Coloque seu produto na mão do consumidor: anuncie em revista.
ANER

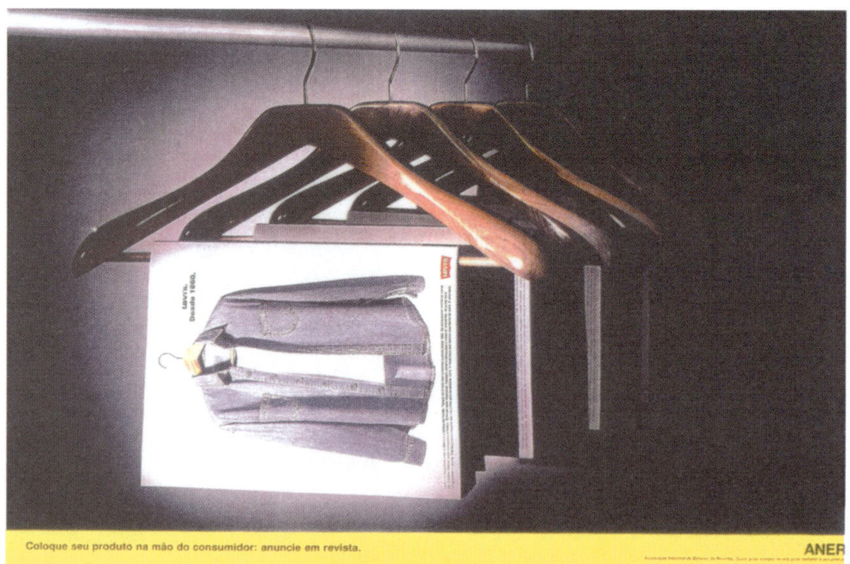
Coloque seu produto na mão do consumidor: anuncie em revista.
ANER

Coloque seu produto na mão do consumidor: anuncie em revista.

Coloque seu produto na mão do consumidor: anuncie em revista.
ANER

Coloque seu produto na mão do seu consumidor: anuncie em revista.
ANER

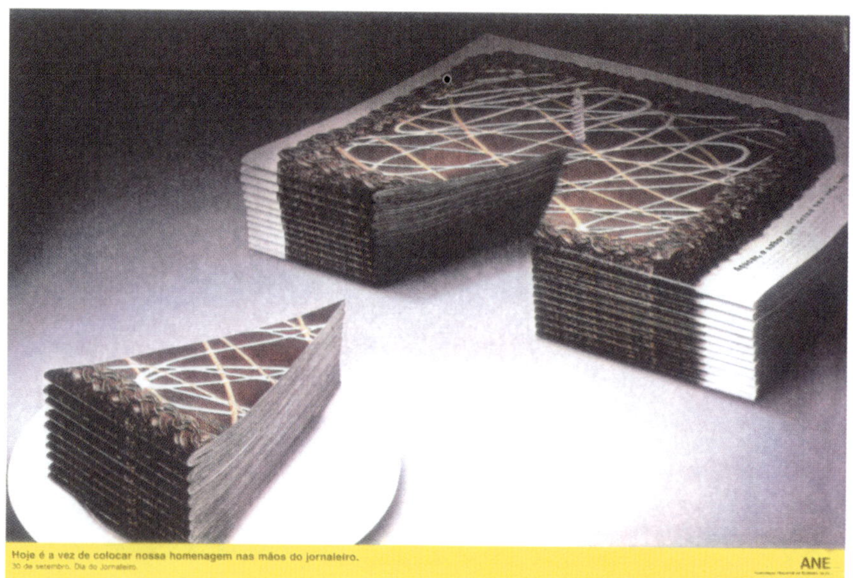
Hoje é a vez de colocar nossa homenagem nas mãos do jornaleiro.
30 de setembro. Dia do Jornaleiro.
ANE

Nessa campanha, pode-se concluir que existiram os *rafs* para dirigir a criação ou o conceito que podemos chamar de caminho a ser adotado para a produção da campanha. Do *raf* desenvolveram-se os *layouts,* daí, os anúncios finais. Ficou claro que os *layouts* apresentaram um papel de teste e de seleção dos melhores resultados criativos. Mais uma vez, o papel do *layout*, ao prever criteriosamente como seria a peça final, repercutiu num selecionador fundamental para finalização das melhores concretizações dos *rafs*. Alguns caminhos foram continuados e finalizados, outros descartados no *layout*. As características da tecnologia da computação ao resultar em *layouts* bem próximos da qualidade final repercutiram num documento que aprimora a seleção com maior clareza e segurança, a opção pelo melhor caminho a ser finalizado. O resultado de um *layout* analisado pela equipe que aprova a criação é extremamente próximo do resultado final gráfico na conclusão, modificando-se apenas nas questões de alta qualidade de resolução e definição de imagens para a peça final.

CAMPANHA HOME THEATER SEMP TOSHIBA

capítulo

SETE

LAYOUTS, TÍTULOS, TEXTOS E FINALIZAÇÃO

Campanha Home Theater Semp Toshiba
Layouts, títulos, textos e finalização

Passamos agora a correlacionar o *briefing* de criação da Talent, com os documentos que se apresentam na seqüência do processo. Nesse caso, temos os *layouts*, onde o *raf* não existiu ou teve sua função já realizada diretamente no computador.

Por analisar diretamente o *layout* desenvolvido no computador, nesse caso por não encontrarmos esboços feitos à mão, poderemos considerar o *layout* como esboço digital.

O fato de o criador possuir a experiência de produzir em computador faz com que ele experimente diretamente nos *softwares* gráficos, assim aparece o esboço digital. Isso se deve também à facilidade que os programas gráficos oferecem para obter um bom acabamento no *layout* — característica fundamental e necessária para apresentação e aprovação com o cliente. Da mesma maneira, existe pouca diferença entre *layout* e arte-final ou anúncio final, o que reforça o objetivo do *layout* (apresentar a forma mais real possível que se espera do trabalho final), como pudemos notar na relação *layout* e anúncio final na campanha Natura.

Voltando à relação *briefing* de criação e *layouts*, podemos notar nas informações do *briefing* que a campanha do home theater Semp Toshiba é de lançamento, como se observa no item "Lançamento do Home Theater Toshiba" (p. 1 do *briefing*): "A Semp Toshiba está lançando seu HOME THEATER... o atual estágio do negócio é um produto novo, destinado a um público de alto poder aquisitivo... precisamos enfatizar tanto a marca, quanto as informações básicas sobre o produto e seus benefícios nessa comunicação". Isso quer dizer que o consumidor não conhece o produto. Nota-se no texto do *briefing* que ele apresenta detalhes do funcionamento e do que é o produto (ainda na p. 1): "Como funciona esta engenhoca?" Desse modo, o texto é extremamente explicativo sem tornar-se muito técnico. Observa-se que os criadores precisam também entender e conhecer o que vem a ser o produto. No texto explica-se qual o conceito de home theater (p. 1): "tem o objetivo de trazer as emoções e sensações do cinema para a casa do consumidor, proporcionando maior impacto de som e melhores recursos de imagem".

Essas informações do *briefing* foram retiradas para correlacionar a primeira apresentação dos *layouts* com aspectos visuais e sugestões de títulos. No caso dessa campanha, todo o trabalho de texto do anúncio vem numa segunda fase de desenvolvimento e apresentação. Inicialmente, os criadores do anúncio preocuparam-se com os aspectos visuais de imagem e *design* gráfico do anúncio e, posteriormente, após a aprovação do título, o texto foi produzido. Na criação do texto, é possível identificar as correlações mais detalhadas entre as informações do *briefing* de criação com o texto criado para o anúncio (conforme veremos a seguir).

Para análise geral dos quatro *layouts* apresentados, existe predominantemente uma imagem usando toda a área da página dupla do anúncio, numa proporção um pouco menor que a original, em torno de 30% do formato real. Todos os anúncios apresentam uma barra inferior com a marca Toshiba, o telefone *hot line*, "produzido na zona franca de Manaus", o logotipo e *slogan* — "Conheça a Amazônia" —, o logotipo Semp Toshiba e o *slogan* — "Os nossos japoneses são mais criativos que os japoneses dos outros". Essa barra inferior que contém esses elementos não sofre

modificações em nenhum dos *layouts*, caracterizando um padrão de assinatura do anúncio. Os títulos e imagens dos quatro *layouts* são diferentes, mas a tipologia de todos é a mesma. Cabe ressaltar que essa tipologia também é a mesma utilizada na barra inferior que apresenta uma característica gráfica diferente, pois é mais moderna, diferente e arrojada. Ao se notar letras como “a” e “b”, como também “e”, percebe-se uma modernidade em sua construção, característica esta definida no *briefing* e utilizada nesta escolha, por exemplo, no item “objetivos de comunicação e apelos” (*briefing*, p. 2): “... mais moderno conjunto disponível do Brasil, ... o mais sofisticado e de mais alta performance do mercado...” Existe, assim, a tipologia reforçando essa solicitação do *briefing*. Independentemente do que diz o texto, o *design* tipológico expressa diferenciação, arrojo e ousadia numa tipologia de estilo moderno. Essa característica visual é utili-

zada no título, texto e demais textos e assinaturas do anúncio (*slogan*, telefone, etc.).

Um dos *layouts* apresenta o título: "Novo Home Theater Toshiba. Você não vai mais querer sair da frente da TV". Na imagem, há um sofá branco com a marca visual de que uma pessoa ficou muito tempo sentada assistindo ao home theater, pois ainda vemos seu contorno demarcado no tecido.

No segundo *layout*, aparece uma foto de ambientação de uma sala com o título: "Novo Home Theater Toshiba. Você nunca viu nem ouviu nada parecido".

No terceiro *layout*, há outra decoração de sala, mais clara com o titulo: "O som e a imagem são quase como os da vida real. Só falta a vida real ter som estéreo, digital e imagem com definição de x linhas".

No quarto e último *layout*, há a imagem de uma decoração mais escura de uma sala com o título: "Você não bebe, não joga e não fuma? Já é hora de você arrumar um vício".

Neste último *layout* temos um "ok" sobre o título, considerando-o assim aprovado. Com o retorno desses *layouts*, há também um relatório do profissional de atendimento, com algumas considerações importantes para o pessoal da criação — até mesmo com uma anotação manuscrita para discutir em caso de dúvida, assinado pelos responsáveis pelo atendimento.

THEATER MONTADAS POR IMPORTANTES DECORADORES. O CLIENTE GOSTARIA DE CONVERSARMOS COM O FOTÓGRAFO E DIRETOR DE ARTE PARA TENTARMOS APROVEITAR ESSES SETS JÁ MONTADOS PARA AMBIENTARMOS A FOTO.

- TAMBÉM SERÁ NECESSÁRIO A PRESENÇA DO GERENTE DE PRODUTOS DA SEMP TOSHIBA NA MONTAGEM DA FOTO, P/ ORIENTAR QUE OS PRODUTOS SEJAM ALOCADOS NAS POSIÇÕES E FORMAS TECNICAMENTE CORRETAS.

Qq dúvida, vamos falar.
Noriti e Maria

ATTRAB Página: 1

Em linhas gerais, o novo *briefing* pode ser considerado como relatório de apresentação dos primeiros *layouts*. Ele traz várias informações, tais como:

◀ texto deve ser desenvolvido para o dia seguinte (ainda na parte da manhã): "Agora precisamos enviar a proposta de texto amanhã de manhã para o cliente".
◀ solicita alguns ajustes de *layouts* e fotos como se pode notar no recorte a seguir.

1 - "VOCÊ NÃO BEBE, NÃO JOGA, NÃO FUMA... TÁ NA HORA DE ARRUMAR UM VÍCIO"
2 - "VOCÊ NÃO VAI QUERER SAIR DA FRENTE DA TV" (SOFÁ COM MARCA DE UMA PESSOA SENTADA)
3 - "SOM E IMAGEM QUASE COMO NA VIDA REAL" - JULIA ROBERTS
4 - "NOVO HOME THEATER TOSHIBA. VOCÊ NUNCA VIU NEM OUVIU NADA PARECIDO." (LAYOUT COM FURO NO TETO)

QUANTO AOS LAYOUTS, O CLIENTE SOLICITA OS SEGUINTES AJUSTES:

1 - INSERIR NÚMEROS NOS PRODUTOS, COM LEGENDA REF. AO NOME E MODELO DE CADA PRODUTO

2 - QUANTO ÀS FOTOS:

- A PRINCÍPIO, O CLIENTE AUTORIZARÁ A PRODUÇÃO DE 2 LAYOUTS PÁG. DUPLA (1A. INSERÇÃO VEJA E CARAS). POR ISSO, ELE NOS ORIENTOU PARA ESTUDARMOS ESSES LAYOUTS DE FORMA QUE NA AMBIENTAÇÃO DE UM DELES SEJA UTILIZADO UM TV DE TELA GRANDE 51" ou 60" NO SET JUNTO AOS DEMAIS PRODUTOS (RECEIVER, CAIXAS, VÍDEO E DVD) E NO SEGUNDO LAYOUT, O PROJETOR MULTIMÍDIA (+ PRODUTOS).

- O CLIENTE TAMBÉM PEDE UMA REUNIÃO DE PRE-BRIEFING FOTOGRÁFICO, NA QUAL DISCUTIREMOS

Existe aqui uma informação que demonstra a preocupação do cliente e do gerente do produto em interferir e acompanhar a produção fotográfica, para que o produto seja apresentado da forma tecnicamente correta no anúncio.

Ao analisar o anúncio final, podemos notar que foi utilizada uma TV de 60 polegadas na foto e que a ambientação apresenta a disposição adequada do produto. Não se sabe ao certo qual foi a produção adotada para produzir a imagem do anúncio: se foi um *set* montado ou se foi aproveitada a mostra da Artefacto — como identifica o *briefing*. As especificações de apresentação do produto foram utilizadas, mas a solicitação de *layout* para "inserir números nos produtos, com legenda referente ao nome e modelo de cada produto" foi descartada no anúncio final.

Nas questões visuais, a tarja branca inferior foi modificada dos *layouts* para a finalização. Essa tarja apresenta de forma limpa e clara apenas os logotipos da empresa com o respectivo *slogan*. As informações *hot line* e o *slogan* sobre Manaus foram colocados de forma não tão ostensiva e clara como se apresentavam nos *layouts* sobre a imagem do anúncio.

Ao fazer uma análise da produção do texto do anúncio, chegou-se à conclusão de que a grande marcação que existe no *briefing* de criação foi usada pelo redator, já que o emprego de frases e informações muito parecidas com o *briefing é* característica clara. Para gerar o texto do anúncio, é certo que esse *briefing* exerceu um papel expressivo.

Ao analisar a seqüência do texto do anúncio, chegamos a selecionar a parte do *briefing* que diz respeito ou define o que deve ser comunicado em relação àquela informação. Dessa forma, conclui-se que, apesar das muitas informações contidas no *briefing*, coube ao redator organizá-las de forma que pudessem sintetizar os aspectos principais do que deveria ser comunicado ao público. A sintetização do texto e a objetividade são aspectos claros. Observa-se que do *briefing* foram retirados os principais diferenciais do produto, o apelo definido, a explicação tecnológica, mas não a técnica do produto, e justificam-se todas as informações num texto que apresenta excessos, redundâncias e enfatização de adjetivos: "nada menos que o melhor e mais envolvente", "tão completo", "aumenta ainda mais a qualidade da imagem", "avançadíssimo", "tudo isso e mais", "a sensação de realismo de som e imagem é total", "um super receiver", "o melhor e mais potente", "a mais perfeita e fiel qualidade sonora", "o máximo em som e imagem".

VOCÊ NÃO BEBE, NÃO JOGA E NÃO FUMA? JÁ É HORA DE VOCÊ ARRUMAR UM VÍCIO.

Novo Home Theater Toshiba. Nada menos que o melhor e mais envolvente home theater que existe.

Por que o melhor? Porque nenhum outro pode ser tão completo.

Primeiro porque foi a Toshiba quem inventou o padrão DVD, adotado pelos fabricantes do mundo inteiro. O único DVD com colorstream, que aumenta ainda mais a qualidade da imagem. O videocassete é o avançadíssimo V3 Hi-Fi Stereo de 6 cabeças (4 de vídeo + 2 de áudio). Além disso, só a Toshiba oferece a possibilidade de montar o seu Home Theater com as inúmeras opções de tela da linha Megascreen, com tamanhos que variam de 29 até 71 polegadas. Tudo isso e mais a assistência técnica e a garantia Semp Toshiba.

E por que o mais envolvente? Porque a sensação de realismo de som e imagem é total. Você pode montar o seu Home Theater Toshiba com o modelo XB 1507 com Dolby Digital AC3, um super-receiver que comanda todos os equipamentos. Com 6.000 PMPO de potência, é considerado o melhor e o mais potente do mercado pelos especialistas. O Dolby Digital AC3 distribui o som num conjunto de 5 caixas e mais o exclusivo canal subwoofer, reproduzindo com a mais perfeita e fiel qualidade sonora.

Se você só se contenta com o máximo em som e imagem, conheça o novo Home Theater Toshiba. Ele pode até se tornar um vício. Mas pelo menos ninguém vai ficar pedindo para você largar.

Página 2 do *briefing* de criação

O MERCADO BRASILEIRO

O Home Theater, seguido pela TV megascreen, é um grande objeto do desejo do consumidor brasileiro. Todo mundo quer ter um.
Como são necessários vários itens e o custo total do sistema não é barato, hoje esse produto é acessível apenas para as classes de alto poder aquisitivo.
Nem todos os fabricantes vendem o "set" completo para o consumidor. Vários deles dispõem do videocassete e dos televisores megascreen, mas somente a Gradiente, a Pioneer e a Philips têm comunicado a venda do jogo completo para o mercado. Nos demais casos, é preciso comprar um ou dois itens de cada marca.
Como se trata de alta tecnologia e de um mercado ainda pequeno, em volumes de venda, muitos varejistas têm trabalhado com produtos importados, principalmente na parte de telões, áudio e DVD.

OBJETIVOS DE COMUNICAÇÃO e APELOS
1 - Comunicar que o Home Theater Toshiba é o melhor do mercado porque é o mais completo e mais moderno conjunto disponível no Brasil:
- todos os itens são da marca Toshiba, logo inteiramente compatíveis e dispõem da assistência técnica Semp Toshiba

VOCÊ NÃO BEBE, NÃO JOGA E NÃO FUMA? JÁ É HORA DE VOCÊ ARRUMAR UM VÍCIO.

Novo Home Theater Toshiba. Nada menos que o melhor e mais envolvente home theater que existe.

Por que o melhor? Porque nenhum outro pode ser tão completo.

Primeiro porque foi a Toshiba quem inventou o padrão DVD, adotado pelos fabricantes do mundo inteiro. O único DVD com colorstream, que aumenta ainda mais a qualidade da imagem. O videocassete é o avançadíssimo V3 Hi-Fi Stereo de 6 cabeças (4 de vídeo + 2 de áudio). Além disso, só a Toshiba oferece a possibilidade de montar o seu Home Theater com as inúmeras opções de tela da linha Megascreen, com tamanhos que variam de 29 até 71 polegadas. Tudo isso e mais a assistência técnica e a garantia Semp Toshiba.

E por que o mais envolvente? Porque a sensação de realismo de som e imagem é total. Você pode montar o seu Home Theater Toshiba com o modelo XB 1507 com Dolby Digital AC3, um super-receiver que comanda todos os equipamentos. Com 6.000 PMPO de potência, é considerado o melhor e o mais potente do mercado pelos especialistas. O Dolby Digital AC3 distribui o som num conjunto de 5 caixas e mais o exclusivo canal subwoofer, reproduzindo com a mais perfeita e fiel qualidade sonora.

Se você só se contenta com o máximo em som e imagem, conheça o novo Home Theater Toshiba. Ele pode até se tornar um vício. Mas pelo menos ninguém vai ficar pedindo para você largar.

Página 2 do *briefing* de criação

Consequentemente, em termos de videocassetes, televisores e DVD, a reputação da Semp Toshiba é incontestável. A partir de agora, estaremos oferecendo ao mercado brasileiro o melhor receiver e melhores caixas acústicas do mercado.

2 - EXPLORAR BASTANTE O RECEIVER E O DVD:
- possui o "DVD de quem criou o padrão DVD"

VOCÊ NÃO BEBE, NÃO JOGA E NÃO FUMA? JÁ É HORA DE VOCÊ ARRUMAR UM VÍCIO.

Novo Home Theater Toshiba. Nada menos que o melhor e mais envolvente home theater que existe.

Por que o melhor? Porque nenhum outro pode ser tão completo.

Primeiro porque foi a Toshiba quem inventou o padrão DVD, adotado pelos fabricantes do mundo inteiro. O único DVD com colorstream, que aumenta ainda mais a qualidade da imagem. O videocassete é o avançadíssimo V3 Hi-Fi Stereo de 6 cabeças (4 de vídeo + 2 de áudio). Além disso, só a Toshiba oferece a possibilidade de montar o seu Home Theater com as inúmeras opções de tela da linha Megascreen, com tamanhos que variam de 29 até 71 polegadas. Tudo isso e mais a assistência técnica e a garantia Semp Toshiba.

E por que o mais envolvente? Porque a sensação de realismo de som e imagem é total. Você pode montar o seu Home Theater Toshiba com o modelo XB 1507 com Dolby Digital AC3, um super-receiver que comanda todos os equipamentos. Com 6.000 PMPO de potência, é considerado o melhor e o mais potente do mercado pelos especialistas. O Dolby Digital AC3 distribui o som num conjunto de 5 caixas e mais o exclusivo canal subwoofer, reproduzindo com a mais perfeita e fiel qualidade sonora.

Se você só se contenta com o máximo em som e imagem, conheça o novo Home Theater Toshiba. Ele pode até se tornar um vício. Mas pelo menos ninguém vai ficar pedindo para você largar.

Página 4 do *briefing* de criação

OUTROS OBJETIVOS IMPORTANTES DESSA CAMPANHA DE LANÇAMENTO

1) Reforço dos elementos atualização e inovação para a imagem institucional da marca Semp Toshiba. Ou seja, usar o Home Theater TOSHIBA, para indicar o avanço tecnológico e qualidade incontestável da marca.
2) Gerar envolvimento e despertar interesse de compra no público mais inovador, de maior poder aquisitivo, evidenciando particularidades do Home Theater TOSHIBA, como altamente desejável dentro da categoria
3) O enfoque da comunicação NÃO deve ser dirigido a tornar obsoleto o videocassete ou qualquer outro produto eletroeletrônico disponível no mercado.
4) Atenção à questão da acessibilidade do produto

VOCÊ NÃO BEBE, NÃO JOGA E NÃO FUMA? JÁ É HORA DE VOCÊ ARRUMAR UM VÍCIO.

Novo Home Theater Toshiba. Nada menos que o melhor e mais envolvente home theater que existe.

Por que o melhor? Porque nenhum outro pode ser tão completo.

Primeiro porque foi a Toshiba quem inventou o padrão DVD, adotado pelos fabricantes do mundo inteiro. O único DVD com colorstream, que aumenta ainda mais a qualidade da imagem. O videocassete é o avançadíssimo V3 Hi-Fi Stereo de 6 cabeças (4 de vídeo + 2 de áudio). Além disso, só a Toshiba oferece a possibilidade de montar o seu Home Theater com as inúmeras opções de tela da linha Megascreen, com tamanhos que variam de 29 até 71 polegadas. Tudo isso e mais a assistência técnica e a garantia Semp Toshiba.

E por que o mais envolvente? Porque a sensação de realismo de som e imagem é total. Você pode montar o seu Home Theater Toshiba com o modelo XB 1507 com Dolby Digital AC3, um super-receiver que comanda todos os equipamentos. Com 6.000 PMPO de potência, é considerado o melhor e o mais potente do mercado pelos especialistas. O Dolby Digital AC3 distribui o som num conjunto de 5 caixas e mais o exclusivo canal subwoofer, reproduzindo com a mais perfeita e fiel qualidade sonora.

Se você só se contenta com o máximo em som e imagem, conheça o novo Home Theater Toshiba. Ele pode até se tornar um vício. Mas pelo menos ninguém vai ficar pedindo para você largar.

Página 2 do *briefing* de criação

O MERCADO BRASILEIRO

O Home Theater, seguido pela TV megascreen, é um grande objeto do desejo do consumidor brasileiro. Todo mundo quer ter um.
Como são necessários vários itens e o custo total do sistema não é barato, hoje esse produto é acessível apenas para as classes de alto poder aquisitivo.

Página 2 do *briefing* de criação

OBJETIVOS DE COMUNICAÇÃO e APELOS
1 - Comunicar que o Home Theater Toshiba é o melhor do mercado porque é o mais completo e mais moderno conjunto disponível no Brasil:
- todos os itens são da marca Toshiba, logo inteiramente compatíveis e dispõem da assistência técnica Semp Toshiba

VOCÊ NÃO BEBE, NÃO JOGA E NÃO FUMA? JÁ É HORA DE VOCÊ ARRUMAR UM VÍCIO.

Novo Home Theater Toshiba. Nada menos que o melhor e mais envolvente home theater que existe.

Por que o melhor? Porque nenhum outro pode ser tão completo.

Primeiro porque foi a Toshiba quem inventou o padrão DVD, adotado pelos fabricantes do mundo inteiro. O único DVD com colorstream, que aumenta ainda mais a qualidade da imagem. O videocassete é o avançadíssimo V3 Hi-Fi Stereo de 6 cabeças (4 de vídeo + 2 de áudio). Além disso, só a Toshiba oferece a possibilidade de montar o seu Home Theater com as inúmeras opções de tela da linha Megascreen, com tamanhos que variam de 29 até 71 polegadas. Tudo isso e mais a assistência técnica e a garantia Semp Toshiba.

E por que o mais envolvente? Porque a sensação de realismo de som e imagem é total. Você pode montar o seu Home Theater Toshiba com o modelo XB 1507 com Dolby Digital AC3, um super-receiver que comanda todos os equipamentos. Com 6.000 PMPO de potência, é considerado o melhor e o mais potente do mercado pelos especialistas. O Dolby Digital AC3 distribui o som num conjunto de 5 caixas e mais o exclusivo canal subwoofer, reproduzindo com a mais perfeita e fiel qualidade sonora.

Se você só se contenta com o máximo em som e imagem, conheça o novo Home Theater Toshiba. Ele pode até se tornar um vício. Mas pelo menos ninguém vai ficar pedindo para você largar.

Página 1 do *briefing* de criação

COMO FUNCIONA ESSA ENGENHOCA?
O som é distribuído por 2 canais frontais das caixas acústicas principais, que dão a sensação de que ele está se deslocando de um lado para o outro.
Assim, ouve-se balas passando de um lado para outro durante um tiroteio, por exemplo.
O canal surround leva o som a 2 caixas auxiliares que produzem os efeitos de ambientação que envolvem o público com as cenas às que assiste, destacando os sons de fundo, o vento, gritos, motores...
Há, ainda a caixa central, que reproduz os sinais sonoros referentes à imagem principal, como vozes, diálogos, etc.
O direcionamento do som é que mantém o envolvimento do expectador com o filme, por isso é super importante que a TV fique entre as 2 caixas frontais, as quais devem ficar em frente ao sofá onde se assiste ao filme, uma à esquerda e a outra à direita. A caixa central deve ser posta abaixo ou acima da TV e as caixas de surround, devem ser posicionadas lateralmente, um pouco acima da linha dos ouvidos do público, uma à esquerda, a outra à direita.
Obviamente, quanto mais recursos de imagem tiver o telão (ou TV) maior impacto e sensação de "cinema em casa" se terá.
E os equipamentos de videocassete e DVD também têm uma importância vital nesse conjunto, pois são

VOCÊ NÃO BEBE, NÃO JOGA E NÃO FUMA? JÁ É HORA DE VOCÊ ARRUMAR UM VÍCIO.

Novo Home Theater Toshiba. Nada menos que o melhor e mais envolvente home theater que existe.

Por que o melhor? Porque nenhum outro pode ser tão completo.

Primeiro porque foi a Toshiba quem inventou o padrão DVD, adotado pelos fabricantes do mundo inteiro. O único DVD com colorstream, que aumenta ainda mais a qualidade da imagem. O videocassete é o avançadíssimo V3 Hi-Fi Stereo de 6 cabeças (4 de vídeo + 2 de áudio). Além disso, só a Toshiba oferece a possibilidade de montar o seu Home Theater com as inúmeras opções de tela da linha Megascreen, com tamanhos que variam de 29 até 71 polegadas. Tudo isso e mais a assistência técnica e a garantia Semp Toshiba.

E por que o mais envolvente? Porque a sensação de realismo de som e imagem é total. Você pode montar o seu Home Theater Toshiba com o modelo XB 1507 com Dolby Digital AC3, um super-receiver que comanda todos os equipamentos. Com 6.000 PMPO de potência, é considerado o melhor e o mais potente do mercado pelos especialistas. O Dolby Digital AC3 distribui o som num conjunto de 5 caixas e mais o exclusivo canal subwoofer, reproduzindo com a mais perfeita e fiel qualidade sonora.

Se você só se contenta com o máximo em som e imagem, conheça o novo Home Theater Toshiba. Ele pode até se tornar um vício. Mas pelo menos ninguém vai ficar pedindo para você largar.

2 - EXPLORAR BASTANTE O RECEIVER E O DVD:
- possui o "DVD de quem criou o padrão DVD"
- e o único com receiver com sistema Dolby Digital AC3
- Obs.: nos home theaters da Sony, Gradiente, Philips, nem as versões top de linha têm o recurso AC3 dolby digital, tampouco a potência do nosso receiver. Ou seja, estamos falando de recursos de áudio hiper modernos. Nosso receiver dispõe da última tecnologia de distribuição de som, compatível com nosso DVD e é superior aos receivers da concorrência. RESULTADO: "HOME THEATER TOSHIBA, O MAIS SOFISTICADO E DE MAIS ALTA PERFORMANCE DO MERCADO."

ATTRAB Página: 2

APELOS:
- Qualidade é um item genérico, deveremos especificar que em termos de diferenciação de produto o Home Theater Toshiba é o melhor conjunto porque na sua composição temos o DVD Toshiba (de quem criou o padrão DVD/ c/ saída Dolby Digital) e um receiver impecável Dolby Digital AC3

- Marca Toshiba (institucional) - força em tecnologia, know-how comprovado, excelente reputação

- Exemplos:
*"Se você quer um Home Theater, você merece logo o Melhor. Por isso, compre um Home Theater Toshiba."

*Projetar o Home Theater na condição de estrela e agregar imagem para toda a Marca

Página 2 do *briefing* de criação

VOCÊ NÃO BEBE, NÃO JOGA E NÃO FUMA? JÁ É HORA DE VOCÊ ARRUMAR UM VÍCIO.

Novo Home Theater Toshiba. Nada menos que o melhor e mais envolvente home theater que existe.

Por que o melhor? Porque nenhum outro pode ser tão completo.

Primeiro porque foi a Toshiba quem inventou o padrão DVD, adotado pelos fabricantes do mundo inteiro. O único DVD com colorstream, que aumenta ainda mais a qualidade da imagem. O videocassete é o avançadíssimo V3 Hi-Fi Stereo de 6 cabeças (4 de vídeo + 2 de áudio). Além disso, só a Toshiba oferece a possibilidade de montar o seu Home Theater com as inúmeras opções de tela da linha Megascreen, com tamanhos que variam de 29 até 71 polegadas. Tudo isso e mais a assistência técnica e a garantia Semp Toshiba.

E por que o mais envolvente? Porque a sensação de realismo de som e imagem é total. Você pode montar o seu Home Theater Toshiba com o modelo XB 1507 com Dolby Digital AC3, um super-receiver que comanda todos os equipamentos. Com 6.000 PMPO de potência, é considerado o melhor e o mais potente do mercado pelos especialistas. O Dolby Digital AC3 distribui o som num conjunto de 5 caixas e mais o exclusivo canal subwoofer, reproduzindo com a mais perfeita e fiel qualidade sonora.

Se você só se contenta com o máximo em som e imagem, conheça o novo Home Theater Toshiba. Ele pode até se tornar um vício. Mas pelo menos ninguém vai ficar pedindo para você largar.

BENEFÍCIOS DO HOME THEATER PARA O CONSUMIDOR

Uso: entretenimento (música, filmes,) - aliadas aos recursos tecnológicos - principalmente a qualidade de som e imagem.
Emoção do cinema trazida para casa.

Página 3 do *briefing* de criação

Dentro do processo de criação do anúncio, o aspecto que se pode considerar mais criativo passa a ser o título do anúncio: "Você não bebe, não joga e não fuma? Já é hora de você arrumar um vício". Este utiliza a questão do "vício" como um paradigma que recebe no texto uma rede semântica e finaliza transformando o "vício" num caráter ou aspecto positivo: "Ele pode até se tornar um vício. Mas pelo menos ninguém vai ficar pedindo para você largar".

Esta construção no título com uma rede semântica no texto e o aspecto criativo repetido no final do discurso foram estudados por Carrascoza (1999, p. 104):

"Nos anos 60 a ênfase foi dada à criatividade, que se manifestou na propaganda como conceito, ou seja, na propaganda apoiada numa idéia que agregava um diferencial a mais ao produto — a imagem de sua própria comunicação — e que aglutinava texto e layout numa só unidade criativa, não como antes apenas justapostos.

É nessa década que a linguagem da propaganda brasileira impressa atinge seu status de arma persuasiva, influenciada por publicitários americanos que vieram adotar novos procedimentos retóricos na propaganda, ao mesmo tempo em que se sofisticavam as técnicas de marketing, a palavra mágica daquele momento. A função conativa — e a fática —, já mais presente em alguns textos publicitários do período anterior, passa a ser obrigatória e adotada definitivamente na propaganda impressa brasileira, e também, como seu padrão usual, a estrutura aristotélica. Tanto é assim que estudos sobre a retórica da publicidade e as teorizações sobre o funcionamento da mensagem persuasiva na propaganda que iriam florescer nos anos 70 e 80 selecionaram anúncios dessa época para suas análises".

Com o surgimento dos novos veículos de mídia impressa, o texto publicitário que assume definitivamente o esquema aristotélico, passa a apresentar um coloquialismo leve e descontraído, importante para ocultar que também é feito para a massa.

O apogeu do texto publicitário em rede associativa acontece nos anos 90, como declara Carrascoza (1991, p. 171):

... para ampliar seu poder de sedução, o texto publicitário contemporâneo de mídia impressa, como gênero retórico deliberativo que visa aconselhar o interlocutor a uma ação futura, apresenta um padrão estilístico, alicerçado em algumas normas: estrutura quadrifásica, conforme esquema de Aristóteles em sua Arte retórica: exórdio, narração, provas e peroração; apresentar uma só proposição de venda, que parte do título e deve ser explorada na narração para assegurar a unidade; a peroração retoma o exórdio, formando um

circuito fechado, característica típica dos discursos persuasivos; a rigorosa escolha de palavras objetivando provocar reações emotivas no leitor; a utilização de figuras de linguagem (de sintaxe, de palavras e de pensamento) não como ornamento, mas como recurso expressivo; uso predominante da função conativa da linguagem, com a mensagem centrada no receptor; uso consciente de alguns procedimentos persuasivos, entre eles, estereótipos, substituição de palavras, afirmação e repetição, apelo à autoridade; e o emprego de um recurso construtivo específico, que se baseia na utilização de vocábulos do campo associativo de um paradigma".

Essa relação associativa no anúncio Home Theater Semp Toshiba está presente como característica de texto criativo, abordado aqui, foi adotado no início dos anos 60 e aprimorado nos textos publicitários até a atualidade.

CAMPANHAS

KIBON

PICOLÉ
FRUTTARE

AUDI

AUTOMÓVEL
AUDI A6

capítulo

OITO

LAYOUTS E FINALIZAÇÕES

Campanhas Kibon e Audi

Layouts e finalizações

Nas campanhas desenvolvidas para o automóvel Audi e para o picolé Kibon, a agência apresentou um esboço digital ou *layout*. Ambos foram aprovados de imediato sem nenhuma modificação relevante. Nessas campanhas o *raf* não foi desenvolvido: os criadores já produziram diretamente os *layouts* no computador.

Procurou-se relacionar nos *briefings* de criação as informações que foram utilizadas nas produções dos *layouts*. Primeiramente, com a campanha Kibon e depois com a campanha Audi.

Picolé Fruttare — Kibon

Na p. 2 do *briefing*, no item "Objetivo", tem-se: "Consolidar o conceito da nova textura, maciez (mais sabor de fruta). Assegurar a permanência dos elementos: naturalidade, refrescância e jovialidade". As palavras "Naturalidade e Refrescância" encontram-se em caixa alta na p. 3 do *briefing*, como fatores de posicionamento para o produto.

Ao analisar o *briefing* (p. 2) e o texto referente a primeira apresentação dos *layouts* impressos, verificamos que o cliente os aprovou para *outdoor* e anúncio de revista: "O cliente gostou muito, principalmente da impressa, mas achou que estava faltando uma *plataforma emocional* ao produto". O profissional de atendimento refere-se ao anúncio de TV, que não obteve aprovação. Esse documento tem continuidade no desenvolvimento da aprovação do filme publicitário da campanha. Nesse projeto, foi estudado o processo genético dos materiais gráficos na propaganda. Assim, é possível comparar o *layout* aprovado pelo cliente e o documento a seguir, que é a peça finalizada, para verificar algumas características no processo criativo.

Em termos de elementos de criação, o *layout* e a prova final do anúncio do picolé sabor morango estão idênticos; o que os diferencia é a qualidade gráfica normalmente existente entre *layout* e finalização. O anúncio final apresenta a mesma imagem em alta resolução de definição conseguida pela produção do fotolito e impressão final do anúncio.

Das alterações dos anúncios impressos para o *outdoor*, o produto (direita) e o logotipo da empresa (esquerda) ganham uma proporção maior em termos de tamanho, e a frase "macio como fruta madura" é retirada. O próprio formato do *outdoor* mais horizontal que vertical — em contrapartida ao formato da revista, mais quadrado — possibilitou as alterações para maior impacto visual e agilidade de leitura que a linguagem do *outdoor* necessita.

Do *layout* para a arte finalização, o efeito de realidade da foto é a característica mais evidente. Ao voltar para o *briefing*, as características expressas pelas palavras "naturalidade", "mais sabor de fruta" e "nova textura" aparecem na criação visual: a fruta é o sabor da própria fruta, o picolé parece realmente ser a fruta — sugerido pela colocação do palito do sorvete na fruta —, criando o efeito de sentido de naturalidade e sabor de fruta que o *briefing* solicita.

Aqui não foi apresentada a criação de textos ou os títulos para os anúncios e *outdoors*.

Automóvel Audi A6

Ao analisar o *briefing* de criação para esse produto, tem-se na p. 3 como solicitação e informação em termos de criação a principal promessa: "A principal promessa está em cima do novo *design*: bonito e arrojado, diferente de todos os outros Audis"; "O novo *design* é revolucionário".

Os *layouts* apresentados foram três. O primeiro, "Obsession", apresenta em seqüência uma página simples, uma página dupla seqüencial e uma última página simples. O segundo, "Armani", apresenta uma seqüência de página dupla e página simples. O terceiro, "Perrier", apresenta também uma seqüência de página dupla e página simples.

Os três *layouts* demonstrados trabalham elementos que possuem fortes significados relacionados ao *status* e ao perfil do público-alvo selecionado para receber essa campanha. O perfume Obsession, a água Perrier e a grife Armani estão presentes na campanha, remetendo à criação do conceito buscado no *briefing* de criação: "novo *design*: bonito, arrojado e revolucionário".

Os anúncios comparam o nome do perfume Obsession com a obsessão do público ao dirigir o Audi A6 depois de conhecê-lo. Os manequins de uma vitrina Armani saem para observar a beleza do novo carro. No anúncio Perrier, o dono do Audi A6 gosta tanto do carro que o lava com a melhor água que existe. Todas essas criações reverenciam a beleza do novo veículo, utilizando-se de ícones conhecidos de um público consumidor de classe elevada.

Nos documentos do *briefing* de criação, em relação ao *layout*, não existe nenhum *raf*. O *layout* já pode ser considerado o esboço digital, que foi tão bem executado pela realidade das imagens produzidas, bem como pelos elementos presentes (títulos, textos e assinaturas), que o anúncio não apresenta nenhuma modificação em relação à sua finalização. O *design* dos *layouts* é exatamente idêntico ao dos anúncios finalizados.

No andamento da aprovação dos *layouts*, estes foram aprovados de imediato e os textos foram desenvolvidos, posteriormente, como é possível verificar na p. 1 do *briefing*: "Como sabemos, os anúncios Calvin, Perrier e Armani foram aprovados, e já estão em produção. Precisamos agora desenvolver os textos".

Mais uma vez, percebemos que o texto normalmente é desenvolvido depois que o *design* da página, a imagem e o título são aprovados. Conforme se verifica no anúncio da Semp Toshiba, aqui, todos eles foram desenvolvidos posteriormente.

Os textos dos anúncios Audi A6 podem ser analisados pelas informações identificadas no *briefing*, como se pode verificar nas comparações a seguir.

Texto do anúncio Obsession

"Se um dia você tiver a oportunidade de dirigir um automóvel equipado com motor V6 30 válvulas e com 193 cavalos de potência, ar-condicionado inteligente comandado pela posição dos raios do sol, suspensão Fourlink (com a mesma geometria dos carros de F1), e que ainda tenha câmbio Tiptronic de cinco velocidades, garantia de 12 anos contra a corrosão perfurativa e sistemas de freio ABS de 5ª geração, você vai compreender o verdadeiro significado da palavra "obsessão". Novo Audi A6. Eleito o importado do ano pela revista Auto Esporte."

Texto do *briefing* de criação

"Se um dia você tiver a oportunidade de dirigir um automóvel equipado com motor V6 30 válvulas e com 193 cavalos de potência, ar-condicionado inteligente comandado pela posição dos raios do sol, suspensão Fourlink (com a mesma geometria dos carros de F1), e que ainda tenha câmbio Tiptronic de cinco velocidades, garantia de 12 anos contra a corrosão perfurativa e sistemas de freio ABS de 5ª geração, você vai compreender o verdadeiro significado da palavra "obsessão" (p. 3 do *briefing*). Novo Audi A6. Eleito o importado do ano pela revista Auto Esporte" (p. 1 do briefing: "não podemos esquecer de colocar com destaque que o carro foi eleito o importado do ano pela revista Auto Esporte").

Texto dos anúncios Obsession e Perrier

"Novo Audi A6. O carro do ano. E do próximo século."

Texto do *briefing* de criação

"Promessa: O melhor carro do ano e do próximo século."

Como foi analisado na produção do texto do anúncio da Semp Toshiba, aqui também o mesmo acontece com a produção desses textos e também dos títulos, pois algumas palavras são retiradas do *briefing* de criação como informações para a criação.

Texto do anúncio Perrier

"Não é comum ver um automóvel cujo *design* reposicionou os conceitos de aerodinâmica existentes. Não é comum ver um carro com motor de 6 cilindros e 30V com 193 cavalos de potência. E que tenha ar-condicionado inteligente comandado pela posição do sol, suspensão Fourlink (a mesma geometria aplicada nos carros de F1), câmbio Tiptronic de cinco velocidades, garantia de 12 anos contra a corrosão perfurativa e freios ABS de 5ª geração. Por isso, quem tem o Novo Audi A6 cuida bem dele. Novo Audi A6. Eleito o importado do ano pela revista Auto Esporte."

Texto do *briefing* de criação

"Não é comum ver um automóvel cujo *design* reposicionou (p. 3 do *briefing*: "o novo *design* é revolucionário") os conceitos de aerodinâmica existentes. Não é comum ver um carro com motor de 6 cilindros e 30V (p. 3 do *briefing*) com 193 cavalos de potência. E que tenha ar-condicionado inteligente comandado pela posição do sol, suspensão Fourlink (a mesma geometria aplicada nos carros de F1), câmbio Tiptronic (p. 3 do *briefing*) de 5 velocidades, garantia de 12 anos contra a corrosão perfurativa e freios ABS de 5ª geração. Por isso, quem tem o Novo Audi A6 cuida bem dele. Novo Audi A6. Eleito o importado do ano pela revista Auto Esporte" (p. 1 do *briefing*: "não podemos esquecer de colocar com destaque que o carro foi eleito o importado do ano pela revista Auto Esporte").

Nos processos de criação dessas duas campanhas, tem-se do *briefing* de criação a produção dos *layouts* com praticamente nenhuma mudança de estrutura para a finalização. As idéias foram apresentadas em *layouts* impecáveis em termos de acabamento e dentro de sua finalidade: correspondem fielmente ao anúncio finalizado.

O relatório do *briefing* de criação já identifica a aprovação dos *layouts* na primeira apresentação, e solicita a produção dos textos dos anúncios em algumas reuniões posteriores. Mais uma vez, as produções dos textos e títulos dos anúncios são desenvolvidas numa segunda fase de produção. Primeiro, são aprovados o *design* do anúncio, sua imagem e/ou título principal, e depois se produz o texto.

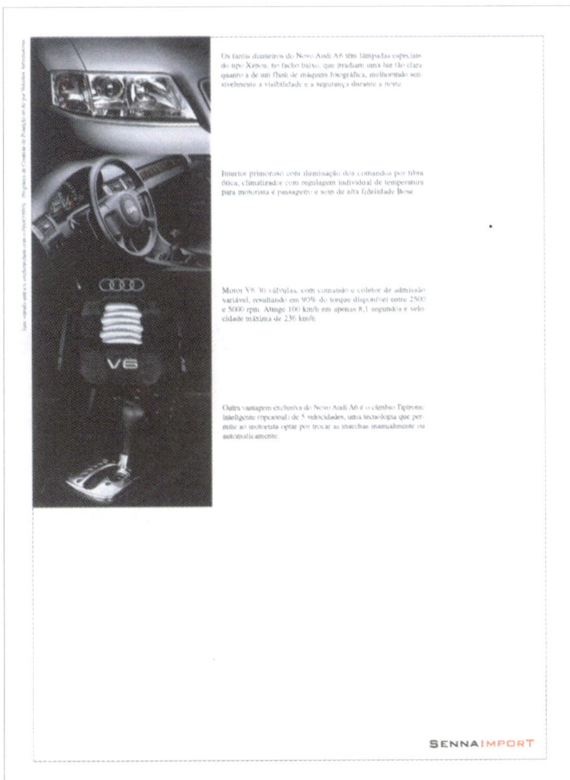

Anúncio finalizado

Layout

Anúncio finalizado

Layout

Anúncio finalizado

CONSIDERAÇÕES FINAIS

Após os estudos e as devidas comparações dos documentos do processo de criação em propaganda impressa, é possível apontar algumas particularidades.

Uma identificação evidente é que o processo de criação na propaganda apresenta etapas claras e bem definidas: o desenvolvimento do *briefing* de criação, os *rafs*, os esboços digitais, os *layouts* e, para terminar, a finalização do anúncio.

Todos os processos estudados apresentaram tais etapas de forma clara e bem evidenciada. O *briefing* de criação, por exemplo, demonstrou características até então pouco abordadas na propaganda e no ensino de graduação do setor. Pois, mesmo após o documento já redigido, a equipe de publicitários busca sintetizá-lo e focá-lo, para só depois iniciar o pensamento criativo propriamente dito e, no ensino, o *briefing* é considerado um documento que apresenta informações diretas à criação. Os aspectos de foco para iniciar a criação dificilmente são abordados. Esse documento apresenta-se como uma etapa meramente formal. Depois dessa etapa, a criação já inicia seu trabalho de busca criativa.

Embora seja um documento normalmente extenso e com muitas informações, ele necessita apresentar-se ao criador de forma muito sintética e objetiva em seu conteúdo para o desenvolvimento da mensagem da propaganda.

É importante concluir que o *briefing* de criação, após redigido, deve passar por um processo de direcionamento ou foco. Percebemos que esse processo de foco do *briefing* de criação é desenvolvido coletivamente por publicitários da área de planejamento, pesquisa, mídia e criação e esta necessidade existe de forma muito evidente.

Além do prazo de entrega da propaganda ser predeterminado nesse documento, a definição de foco da mensagem, a necessidade de aprovação pelo cliente e o tipo da linguagem são outros aspectos que tornam o *briefing* de criação o documento mais rígido para a criação.

Esses fatores proporcionam à criação uma alta incitação de vencer o desafio, e o criador deve superar essas limitações.

É importante perceber que a autoria na propaganda é diluída: vários profissionais participam, por exemplo, do desenvolvimento e aprimoramento do *briefing* de criação. Outros, ainda, só criação e finalização e, em todos esses momentos, o cliente aprova ou não as etapas.

É importante ressaltar que o cliente é parte responsável na autoria da propaganda, já que ele está presente durante todo o processo de desenvolvimento, não só acompanhando, mas também decidindo com a equipe de publicitários. Isso acontece porque a atividade de propaganda é um trabalho que envolve a parceria dos publicitários entre si e o cliente para juntos buscarem resultados. Não podemos esquecer que os altos investimentos numa campanha publicitária reforçam a responsabilidade e o rigor no cumprimento de prazos e agilidade em todo o processo.

Essas decisões também envolvem altos riscos por parte do cliente que representa a empresa, pois a propaganda reforça aqui seu caráter de investimento que busca resultado. Alguns clientes parecem perceber a agência como um parceiro em sugerir novas idéias e estratégias, mas numa relação objetiva e direta, pois a noção de escassez de tempo parece ser identificada nos relatos dos documentos. Nesses documentos, o cliente é parte integrante do trabalho coletivo; é visto e reconhecido como um parceiro que também busca a agilidade do trabalho, que reconhece que o tempo é fator importante no desenvolvimento da propaganda e que está sempre pronto a acrescentar informações ou aprimorá-las para que a criação atinja os melhores resultados criativos dentro das especificidades do *briefing*.

É fundamental ressaltar como o *briefing* de criação demonstrou ser importantíssimo nesse estudo. Todos os profissionais referiram-se a esse documento de forma altamente significativa para o sucesso do processo de criação, sendo a ferramenta que dirige o processo de forma balizadora e focada.

Outra conclusão que pode ser feita refere-se às questões do *insight* e da inspiração no trabalho do criador. Perceber que o *insight* é o surgimento de uma resposta, de uma busca ou questionamento intenso do criativo.

A inspiração é o próprio envolvimento com o desafio que a profissão do publicitário exige: criação com resultados, sendo possível considerá-la como fundamento da atividade do profissional. As questões da necessidade de produzir *rafs* estavam sempre presentes e o que se percebeu foi o surgimento do esboço digital.

O criador esboça ora manualmente, ora no computador, e o que define de qual forma ele irá desenvolver seus esboços é sua experiência em computadores gráficos ou mesmo a questão pessoal de desenvolvimento de projetos.

Podemos perceber que o esboço predomina e que o *layout* mais bem apresentado ou finalizado procura comprovar o caminho do esboço anterior. Como se o *layout* procurasse analisar ou verificar se a idéia adotada ainda no *raf* é realmente satisfatória quando no desenvolvimento do *layout*.

Nesse momento, observamos que a função do *layout* é viabilizar ou não a idéia inicialmente esboçada. E que o *layout* digital cumpre melhor esse papel, pois sua semelhança com o anúncio final é imensa.

O criador publicitário desenvolve diálogos inter e intrapessoais. Quando busca participar do desenvolvimento do *briefing* de criação, ele está na discussão em grupo procurando focar o documento. No diálogo interno, ele se envolve com o problema criativo e passa, assim, a buscar a solução criativa. Isso acontece por meio do inter-relacionamento de coisas novas (associação de idéias) e busca, assim, "fermentar" a informação.

O consciente e o inconsciente misturam-se e, dessa forma, a configuração gerada pela nova combinação de dados já existentes torna-se a resposta à solução criativa. O envolvimento do profissional de criação está estreitamente ligado à inspiração e à resolução criativa do problema. O desafio do criador é maximizar o alto investimento em propaganda ou estabelecer uma melhor relação custo *versus* benefício. Esse risco é o desafio e seu fascínio, que o faz se envolver e assim surgem idéias novas. Podemos considerar que a medida de intensidade desses fatores é a tomada de desafios aceita pelo criador. O grau de comprometimento está diretamente ligado à seriedade com a qual o desafio é enfrentado.

Podemos concluir que os estudos e pesquisas relacionados ao processo de criação na propaganda impressa apresentam-se bastante significativos. Muitas dessas características aqui relatadas foram pouco abordadas nas publicações relacionadas ao ensino da criação publicitária. Verifica-se que todo o material existente até hoje apresenta informações como se fossem "manuais", pois normalmente roteirizam um procedimento, sem apresentar seus aspectos analíticos.

Essas formas de apresentar e discutir o assunto exploravam muito pouco as especificidades de cada etapa evidenciada no processo de criação, assim o comprometimento da qualidade do ensino na formação do profissional do curso de propaganda e publicidade tornava-se evidente sobretudo nos aspectos de criação e produção. Diante dessas análises, acreditamos ser de fundamental importância a contribuição deste livro e também novos estudos em todos os setores da criação e produção da propaganda para outros meios (cinema, televisão, Internet, rádio, etc.), pois as disciplinas de graduação anseiam por estudar esses processos de criação e produção no setor.

Este livro tem seu papel pioneiro ao utilizar os documentos do processo da propaganda para averiguar e estudar profundamente o movimento da criação publicitária e espera-se também que impulsione novos estudiosos para realizarem novas aplicações nos estudos de outros processos de criação no setor.

BIBLIOGRAFIA

ALENCAR, Eunice M. L. S. [1996] *A gerência da criatividade*. São Paulo: Makron.

ALENCAR, Eunice M. L. S. [1995] *Criatividade.* Brasília: UnB.

ALENCAR, Eunice M. L. S. [1986] *Psicologia da criatividade.* Porto Alegre: Artes médicas.

ARNHEIM, Rudolf. [1989] *Arte e percepção visual*. São Paulo: Pioneira.

AYAN, Jordan. [1998] *Aha! Dez maneiras de libertar seu espírito criativo e encontrar grandes idéias*. São Paulo: Negócio.

BRANCO, Renato C.; MARTENSEN, Rodolfo L. e REIS, Fernando. (orgs.) [1990] *História da propaganda no Brasil.* São Paulo: T. A. Queiroz.

CÉZANNE, Paul. "Paul Cézanne to Émile Bernard" In: GOLDWATER, R. & TREVES, M. (orgs.) [1972] *Artists on art from the XIV to the XX Century.* New York: Pantheon Books.

CARRASCOZA, João A. [1999] *A evolução do texto publicitário*. São Paulo: Futura.

CARVALHO, Nelly de. [1998] *Publicidade: a linguagem da sedução.* São Paulo: Ática.

CITELLI, Adilson. [1985] *Linguagem e persuasão*. São Paulo: Ática.

CORRÊA, Roberto. [1993] *Planejamento de propaganda*. São Paulo: Global.

DUAILIBI, Roberto e SIMONSEN, Harry. [1993] *Criatividade e marketing.* São Paulo: Makron.

FALCÃO, Angela. [1991] *Publicidade ao vivo.* Rio de Janeiro: Francisco Alves.

GALVÃO, Marcelo M. [1992] *Criativa mente*. Rio de Janeiro: QualityMark.

GOLEMAN, Daniel *et al.* [2000] *O espírito criativo*. São Paulo: Cultrix.

GRACIOSO, Francisco. [1990a] "O ensino de graduação no Brasil" In BRANCO, Renato C.; MARTENSEN, Rodolfo L. e REIS, Fernando. (orgs.) [1990] *História da propaganda no Brasil*. São Paulo: T. A. Queiroz.

GRACIOSO, Francisco. [1990] *Planejamento estratégico orientado para o mercado*. São Paulo: Atlas.

JOANNIS, Henri. [1988] *O processo de criação publicitária*. Paris: Bordas.

KENELLER, Georges F. [1972] *Arte e ciência da criatividade*. São Paulo: Ibrasa.

KOTLER, Philip. [1980] *Marketing.* São Paulo: Atlas.

KOTLER, Philip e ARMSTRONG, Gary. [1993] *Princípios de marketing*. Rio de Janeiro: Prentice-Hall.

LADEIRA, Julieta de G. [1996] *Criação de propaganda*. São Paulo: Global.

LEDUC, Robert. [1980] *Propaganda no lançamento de novos produtos*. São Paulo: Atlas.

LEDUC, Robert. [1980] *Propaganda: uma força a serviço da empresa*. São Paulo: Atlas.

MARCONDES, Pyr e GALVÃO, Gilberto. [1999] "A nossa criação está cortando do lado errado". *Revista da Criação*, junho.

MARANHÃO, Jorge. [1988] *A arte da publicidade: estética, crítica e kitsch*. São Paulo: Papirus.

MAY, Rollo. [1975] *A coragem de criar*. Rio de Janeiro: Nova Fronteira.

MICK, David Glenn. "Semiotics in marketing and consumer research": Balderash, Verity, Pleas" In: BROWN, Stephen e TURLEY, Darach (eds). [1997]. *Consumer reseach: postcards from the edge*. London: Routledge.

OECH, Roger Von. [1988] *Um toc na cuca*. São Paulo: Cultura.

OLIVETTO, Washington. "Somos tão bons quanto nosso último trabalho" In FALCÃO, Angela. (org.) [1991] *Publicidade ao vivo*. Rio de Janeiro: Francisco Alves.

OSTROWER, Fayga. [1998] *A sensibilidade do intelecto*. Rio de Janeiro: Campus.

OSTROWER, Fayga. [1995] *Acasos e criação artística*. 3. ed. Rio de Janeiro: Campus.

OSTROWER, Fayga. [1989] *Criatividade e processo de criação*. Petrópolis: Vozes.

PEIRCE, Charles S. [1976] *Collected Papers 8 vols*. USA: Harvard Press.

PEIRCE, Charles S. [1977] *Semiótica*. São Paulo: Perspectiva

PETIT, Francesc. [1991] *Propaganda ilimitada*. São Paulo: Siciliano.

RAMOS, Ricardo. [1985] *Do reclame à comunicação*. São Paulo: Atual.

RIES, Al e TROUT, Jack. [1991] *Posicionamento: a batalha pela sua mente*. São Paulo: Pioneira.

SALLES, Cecília A. [1992] *Crítica genética: uma introdução*. São Paulo: Educ.

SALLES, Cecília A. [1998] *Gesto inacabado: processo de criação artística*. São Paulo: Annablume.

SANT'ANNA, Armando. [1998] *Propaganda: teoria, técnica e prática*. São Paulo: Pioneira.

SAMPAIO, Rafael. [1999] *Propaganda de A a Z*. São Paulo: Campus.

SHUMAN, Sandra G. [1994] *A fonte da imaginação*. São Paulo: Siciliano.

SOUTIER, Velcy. [1993] *Design gráfico e criatividade*. Porto Alegre: Mercado Aberto.

THOUT, Jack e RIVKIN, Steve. [1996] *O novo posicionamento*. São Paulo: Makron.

VAZ, Gil Nuno. [1996] *Marketing institucional: o mercado de idéias e imagens*. São Paulo: Pioneira.

VESTERGAARD, Torben e SCHRODER, Kim. [2000] *A linguagem da propaganda*. 3. ed. São Paulo: Martins Fontes.

WESHSLER, Solange M. [1993] *Criatividade: descobrindo e encorajando*. São Paulo: Psy.

VIEIRA, Stalimir. [1999] *Raciocínio criativo na publicidade*. São Paulo: Loyola.

CRÉDITOS:

Campanha Natura

Realizada pela agência Guimarães

Fotógrafo de produto: Arnaldo Pappalardo

Fotógrafo dos modelos: Willy Biondani

Diretor de criação: Ricardo Lordez

Modelos: Mônica Larson e Fátima Toledo

Campanha Semp Toshiba

Realizada pela agência Talent

Responsáveis: Ana Carmem Longobardi e Daniel Bruin

Campanhas Kibon, Audi e ANER

Realizadas pela agência AlmapBBDO

Diretor de criação: Marcello Serpa

Diretor de arte: Luiz Sanches

Atendimento: Francisco Meireles

Redatores: Ricardo Chester e Roberto Pereira (Campanhas ANER)

Revista Nova, Editoria Nova de Ouro, edições de março, junho e outubro de 2000

Revista da Criação, da Editora Meio e Mensagem, janeiro-março de 2000

O autor agradece às agências que gentilmente autorizaram a reprodução dos documentos que compõem as campanhas apresentadas neste livro. Todos os esforços foram feitos no sentido de localizar os detentores dos créditos. Na ocorrência de algum caso de omissão involuntária, os devidos créditos serão acrescentados em edições futuras.